CONFÉRENCE

SUR

L'ARBORICULTURE FRUITIÈRE

DES JARDINS.

CONFÉRENCE

SUR

L'ARBORICULTURE FRUITIÈRE

DES JARDINS

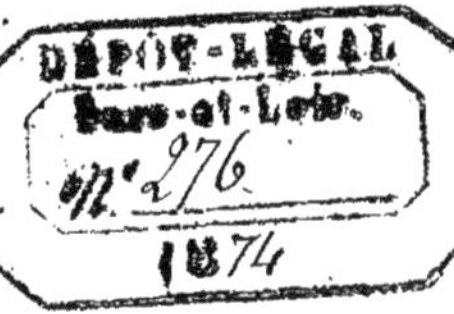

FAITE PAR

M. Jules COURTOIS
Juge au Tribunal de première instance de Chartres
Vice-Président de la Société d'Horticulture et de Viticulture d'Eure-et-Loir
Chevalier de la Légion-d'Honneur
Membre correspondant des Sociétés d'horticulture de Seine-et-Oise
du Cercle horticole du Nord, d'Epernay, etc., etc.

A LA SÉANCE DU 7 AOUT 1873, DE LA SOCIÉTÉ D'HORTICULTURE
DE SEINE-ET-OISE.

(*Extrait du Journal de cette Société*, *n*[os] 10, 11 *et* 12, *Octobre*, *Novembre et Décembre* 1873.)

AVEC ADDITION DE TEXTE ET DE FIGURES.

CHARTRES
IMPRIMERIE ÉDOUARD GARNIER
Rue du Grand-Cerf, 11.

—

1874

PRÉFACE-HISTORIQUE.

SOMMAIRE.

1. Cet opuscule n'est pas un traité complet. — **2.** Passé, Présent, Avenir. — **3.** Cycle végétal. — **4.** Cassement herbacé (Pincement). — **5.** De l'histoire qui remonte à 1851. — **6.** La théorie des 7 yeux. — **7.** **8.** Taille bigemme de la Vigne et du Pêcher. — **9.** Taille trigemme du Poirier et du Pommier. — **10.** Espacement des coursonnes : 0m 16. — **11.** Nombre des pousses à bois sur les coursonnes. — **12.** Ce que je verrais avec plaisir.

1. — Bien souvent, depuis quelques années surtout, je suis interpellé par des personnes, me disant : « Pourquoi ne faites-vous pas un livre sur ce que vous enseignez depuis si longtemps? » Pour toutes j'ai la même réponse : « Le temps me manque. » Raison péremptoire, que ne comprendront pas ceux-là qui ont des loisirs et ne font rien.

Ce n'est pas que je n'aie beaucoup écrit sur ce sujet. *Le Bulletin de la Société d'horticulture et de viticulture d'Eure-et-Loir,* commencé en 1853 et dont le VIIIe tome va s'achever avec l'année 1874, contient ce livre, mais en feuillets épars et sans autre lien entre eux que d'appartenir à la même publication périodique. Une personne, cependant, m'avait offert de réunir tous ces membres disjoints et d'en faire un corps auquel j'eusse donné une tête par une préface.

Cette personne est M. Vassillière, élève de Grignon, ingénieur agricole, aujourd'hui agriculteur à Keriscun, commune de Coray (Finistère). Appelé, en 1870, à Chartres, pour y enseigner l'agriculture, il fit avec succès au Collége et à l'Ecole normale d'instituteurs de cette ville plusieurs leçons. Mais la guerre survint et empêcha qu'on pût constituer cet enseignement dans lequel l'horticulture trouverait sa place et que réclame un département aussi essentiellement agricole que celui d'Eure-et-Loir.

La conférence que je livre au public est la substance en grande partie de ces articles disséminés dans le *Bulletin* précité. Je puis offrir l'opuscule en mon nom; il est devenu mien par la rédaction que j'en ai faite sur des notes qui m'ont été fournies, prises à la séance, et sur mes propres notes, et par des additions que j'y ai faites.

Ce n'est pas un traité complet; bien des choses importantes y manquent : des notions de physiologie plus développées, la nomenclature des fruits, des détails sur la formation d'un jardin fruitier, le chapitre tout entier relatif aux insectes nuisibles qui pullulent d'autant plus nombreux et aux maladies qui se déclarent d'autant plus fréquentes et plus intenses que l'homme s'écarte davantage de la nature, quand il fait les suppressions qu'exige tout arbre limité dans une forme. Mais il y est parlé, avec détail, du vocabulaire arboricole, des formes à donner, de la direction des branches à bois ou de charpente, de celle des branches à fruit ou coursonnes, pendant les deux périodes du repos et du mouvement de la sève.

On y trouvera, minutieusement expliquées, plusieurs théories ou formules, que je ne crains pas de qualifier neuves, sinon en Eure-et-Loir, où un enseignement, qui date de plus de vingt ans, les a vulgarisées, mais partout ailleurs.

2. — Je puis citer, *pages* 33 *et* 39, *et Fig.* 5, la formule : « *Passé, Présent, Avenir* », qui résume en trois mots, empruntés aux divisions éternelles du temps, deux théories : la théorie de la taille à bois long de la vigne et celle du rameau de remplacement du pêcher. Applicable identiquement à l'une et à l'autre théorie, cette formule a fait ressortir la similitude existant entre elles. Celle relative au pêcher remonte à La Quintinye qui l'indique dans son œuvre sous le nom de *Taille en crochet*. L'autre, relative à la vigne, a été, sinon inventée, mise au jour par le Dr Guyot, qui en a donné l'explication la plus nette, et démontré que toutes les tailles longues, pratiquées dans la plupart des vignobles de France

sous des formes nombreuses et autant de noms divers, étaient un même procédé, reposant sur le même principe.

Cette démonstration fut faite par M. Guyot, en 1859, dans une série d'articles du *Journal d'Agriculture pratique,* dirigé alors par M. Barral. Ces articles réunis ont formé le livre : *Culture de la Vigne,* dont l'apparition, en 1860, causa une si vive émotion parmi tous les viticulteurs.

C'est ainsi qu'à deux cents ans de distance deux hommes éminents, l'un simple jardinier, l'autre docteur viticulteur, qui, l'un et l'autre, ont fait époque pour les progrès que leur doivent deux branches de la culture du sol, s'occupant, celui-ci de la vigne, celui-là du pêcher, se sont rencontrés pour aboutir à deux théories identiques, bien qu'elles soient applicables à deux essences fort diverses. Ces deux théories, réunies par une même formule, n'en font plus qu'une aujourd'hui.

M. le professeur Du Breuil a rendu classique la formule : *Passé, Présent, Avenir,* en l'adoptant, dans ses cours, près la Varenne Saint-Maur, au Jardin fruitier de la Ville de Paris, créé et dirigé par lui. Il se plaît, du reste, à en faire connaître l'origine toute chartraine.

3. — L'introduction de l'étude du *Cycle végétal* dans l'enseignement de l'arboriculture fruitière est une autre nouveauté. La théorie de ce cycle, connue de tous les jardiniers d'Eure-et-Loir, doit être ignorée de leurs confrères partout ailleurs, puisque aucun livre ou traité qui sont en leurs mains n'en a parlé.

Son application pour élever des coursonnes nouvelles est d'une utilité manifeste. Au moyen de formules (*pages* 29, 35, 40 *note et* 42, *et Fig.* 12 *et* 13), ce n'est plus l'arboriculteur qui fait le choix de ses coursonnes, c'est la nature qui les lui indique. Il n'a plus qu'à en fixer le nombre.

4. — Tel que je le fais connaître, le *pincement* ou pour employer une expression que je crois préférable, le *cassement herbacé* n'est certainement pas une pratique nouvelle. Mais j'insiste pour que l'opération soit faite sans l'intervention d'un instrument tranchant, même de l'ongle, à une longueur déterminée et proportionnée au besoin qu'a la plante d'expansion. J'insiste encore pour que la partie enlevée soit le plus ténue possible, et pour qu'une fois déterminée, la longueur soit la même pour toutes les pousses d'un même arbre, la longueur de la pousse de prolongement de la branche charpentière étant double de celle des coursonnes (*page* 46).

Ce cassement doit suffire à lui seul, pendant toute la période végétative, pour maintenir toutes les pousses d'un arbre dans les limites convenues et rend inutile tout instrument tranchant pendant cette même période.

Le quatrain qui suit a pour but de graver cette vérité dans la mémoire des arboriculteurs :

Lorsque de mai le mois est proche,
Le jardinier, dans sa poche,
Met sa serpette et ne la sort
Qu'aux mois où la sève dort.

On peut encore faire passablement, assez bien, bien, très-bien même si l'on veut, en s'écartant du principe que toute suppression, pendant le cours de la période végétative, doit être d'une partie très-ténue, à l'état herbacé, et qu'il la faut faire à une longueur réglementaire; mais dans l'application rigoureuse du principe est la perfection, et l'on s'approchera d'autant plus de cette dernière qu'on se sera moins écarté du principe, qu'on aura effectué moins de suppressions ligneuses et observé des longueurs plus égales.

Ce pincement ou cassement herbacé est, par sa longueur, bien différent de celui qui, sous le nom de *pincement court*, *pincement à deux feuilles*, a si fortement préoccupé le monde des arboriculteurs et causé de si vives discussions dans ces dernières années.

5. — Ce qui va suivre est aujourd'hui *de l'histoire qui remonte à* 1851.

Vers cette époque, M. Grin aîné, horticulteur, propriétaire à Chartres, qui jusque-là avait surtout cultivé les fleurs, les plantes ornementales, les camélias notamment, s'adonna plus particulièrement à la direction des arbres fruitiers. Il fut bientôt mû du désir, auquel un amateur se soustrait difficilement, celui de s'affranchir du palissage pour le pêcher, chose possible en réduisant à de moindres proportions les pousses des coursonnes. Il eut recours au pincement; et, de ce qui, dans l'ancienne méthode, n'était qu'un moyen de modérer l'emportement des pousses trop vigoureuses et de les maintenir à une certaine longueur, il fit un procédé général, une méthode, qui consiste à tenir très-courtes toutes les pousses quand elles sont encore à l'état herbacé. Une fois entré dans cette voie, M. Grin arriva jusqu'au raccourcissement à deux feuilles; ce raccourcissement est forcément réitéré sur plusieurs successions de bourgeons anticipés qui surviennent.

Les résultats furent des plus encourageants pendant les premières années. Pratiquée sur des arbres d'un certain âge, conduits jusque-là d'après la méthode avec long rameau de remplacement et palissage, cette opération, qui refoule la sève d'une façon énergique et continue, faisait percer sur le vieux bois des yeux latents, restés en arrière. C'était un beau résultat; il fut suivi d'un second très-brillant : les pousses réduites à 0^{m} 16 environ par plusieurs pincements successifs offraient à l'œil, au printemps, une masse de ces productions fruitières, très-courtes, nommées dards sur les poiriers et bouquets de mai sur les pêchers.

Séduit par ces résultats, entraîné par le désir de faire valoir le procédé d'un compatriote, j'écrivis sur la *Taille nouvelle des branches à fruit du pêcher, par M. Grin aîné, horticulteur à Chartres*, un article qui parut alors dans le *Bulletin de la Société d'horticulture d'Eure-et-Loir, tome I, n°* 5, *mars* 1856. Cet article était fort élogieux, enthousiaste même. Je le portai à M. Du Breuil qui demeurait alors rue de l'Ouest, 99. Il venait de préconiser les plantations rapprochées où chaque pied d'arbre n'a que sa tige. La méthode nouvelle trouvait son application dans ce mode nouveau de planter.

L'une et l'autre semblaient se rencontrer comme à point nommé pour se prêter un mutuel appui. M. Du Breuil lut mon article sans doute. Il vint à Chartres et vit M. Grin.

A ce moment le célèbre professeur-auteur préparait une édition nouvelle de son *Instruction élémentaire sur la conduite des arbres fruitiers*, livre devenu populaire sous le nom plus bref de *Petit Du Breuil*.

L'édition parut au commencement de 1857. La méthode

nouvelle y fut décrite avec treize figures dont quelques-unes sont des monstruosités produites par la réitération des pincements. Du bruit s'était fait autour de cette nouveauté et elle fut le grand attrait de l'édition nouvelle.

Je m'étais laissé aller, après une pratique de plusieurs années, à de l'enthousiasme; M. Du Breuil tout de suite me dépassa. Il disait, *page* 144 :

« Nous avons vu en octobre 1856, chez M. Grin aîné, du
» Bourgneuf à Chartres, de si beaux résultats de cette mé-
» thode que nous n'hésitons pas à la recommander à l'exclu-
» sion de toute autre. »

Quand je lus ces mots : *à l'exclusion de toute autre*, j'en fus comme effrayé. Ma pensée n'avait pas été jusque-là. Bien que M. Du Breuil ne m'eût pas cité, je me relus pour voir si mon article avait pu autoriser une si grave conclusion; et je dus reconnaître que, si je n'avais pas été exclusif, j'avais été bien louangeur.

Mes idées ne tardèrent pas à se modifier : la source d'yeux perçant sur le vieux bois n'était plus aussi abondante. Le refoulement de la sève atteignait la plante plus profondément et la fatiguait. La floraison exagérée l'épuisait. L'éternel puceron, l'ennemi des faibles, survenait et achevait l'arbre.

J'étais donc déjà fort ébranlé quand, en 1860, une Commission, dont j'eus l'honneur de faire partie, composée de neuf membres, fut nommée par la Société impériale et centrale d'horticulture. Elle se transporta deux fois à Chartres, le 7 juin et le 1er septembre, sans compter quatre excursions aux environs de Paris.

Dans un remarquable rapport du regretté M. Cottu, le pincement court fut jugé ne pouvoir être recommandé, et, sans exclure, loin de là! l'ancienne méthode, on conclut à reconnaître des avantages à une méthode mixte, le pincement se faisant à cinq bonnes feuilles au lieu de deux; comme dans la méthode du pincement court, la suppression du palissage, but toujours poursuivi, était admise. Les arbres de M. Paul Gougis, jardinier chez M Deville, au château de Spoir, commune de Mignières, près Chartres, avaient été trouvés les mieux dirigés dans ce genre de pincement demi-long.

Je m'étais éclairé au contact de praticiens éminents mes collègues : MM. Bouclier, président, Forest, Orbelin, Dupuy-Jamain, Malot, Cossonet, Lioret et Cottu. Je me ralliai au princement mixte, tout en reconnaissant avec la Commission que la méthode vraie, rationnelle, était l'ancienne avec rameau long de remplacement et palissage.

Aujourd'hui plus que jamais je repousse toute méthode qui ne donne pas à la plante une expansion suffisante. D'où les longueurs que je donne au cassement herbacé (*page* 39).

On est fondé à croire que l'opinion de M. Du Breuil lui-même, à l'endroit de la méthode de direction du pêcher par le pincement court, s'est profondément modifiée. Le membre de phrase, qui m'avait si fort ému : *à l'exclusion de toute autre*, a disparu de la dernière édition 1868, en un seul volume, de son *Cours d'arboriculture. Culture des arbres et arbrisseaux à fruits de table.* Des treize figures (*page* 507) la première a été seule conservée; les douze autres ont été remplacées par six figures nouvelles; les monstruosités ont disparu. L'auteur dit en finissant (*page* 518) :

« Toutefois nous ne pensons pas qu'on doive abandonner l'ancienne méthode. » Au lieu de *nous ne pensons pas*, M. Du Breuil aurait dû dire *nous ne pensons plus*.

En fait, je crois être dans la vérité en disant qu'essayée sur tous les points de la France la méthode du pincement court, celle même du pincement mixte née de la première, l'une et l'autre supprimant le palissage, ne sont plus guère pratiquées aujourd'hui. Ceux qui les avaient adoptées les abandonnent.

M. Hardy, directeur du Potager, à Versailles, a délaissé les essais dans lesquels il avait persisté pendant plusieurs années.

Les Montreuillois, MM. Lepère, Malot et Chevalier en tête, les ont toujours repoussées.

Dans une sphère moins élevée, les deux jardiniers-professeurs qui les premiers ont fait sous ma direction des cours d'arboriculture fruitière en Eure-et-Loir, MM. Duperche et Trochard, ont persisté à repousser toute méthode autre que celle avec long rameau de remplacement et palissage.

Parlant au nom de la science, MM. Decaisne et Naudin ont, dans une note (*page* 422) du tome IV et dernier de leur ouvrage : L'*Amateur des Jardins*, jugé les deux méthodes du pincement court et du pincement mixte, et leur jugement est une condamnation.

Dirai-je enfin que j'ai subi la peine attachée à tout revirement d'opinion? Le mien me causa plus d'un ennui de la part d'une portion du public de qui je n'avais pas pu me faire comprendre.

6. — Je me plais à reconnaître, cependant, que ce n'est pas sans profit que j'ai dirigé des pêchers d'après la méthode du pincement court. J'en ai tiré une connaissance plus approfondie du mode de végétation et de floraison du pêcher, et, par analogie, des cinq autres principales essences fruitières.

La sève refoulée, plusieurs fois de suite, sur une essence d'une végétation aussi active que le pêcher, arbre exotique, *Amygdalus Persica,* a des jaillissements, si l'on peut dire ainsi, qui donnent des résultats inattendus.

Ce sont plusieurs de ces résultats monstrueux, cités plus haut, *page* 6, qui, dessinés d'après nature sur les pêchers de M. Grin, sont représentés dans l'*Instruction élémentaire* de M. Du Breuil, *p.* 148, *et suiv*, fig. 159, 160, 162, 163, 164, 166 *et* 167, *édition de* 1863.

Sur des pêchers, dont la sève avait été refoulée par des pincements successifs, j'ai eu l'occasion souvent d'observer la loi qui régit l'ordre de sortie des 7 premiers parmi les yeux, en nombre infini, que tout nœud contient.

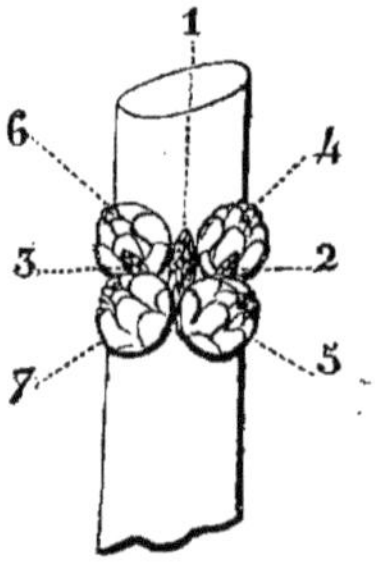

Cette loi se montre, sur la figure ci-contre dessinée d'après nature et gravée par M. Rousseau, graveur à Chartres. Elle a paru dans le *Bulletin de la Société d'Horticulture d'Eure-et-Loir, t. I,* 1860, *p.* 380.

Les 7 yeux. — Figure dessinée fin mars.

Un bourgeon naissant, produit de l'œil principal ou primaire, est au milieu, n° 1; à sa droite et à sa gauche, sont deux bourgeons plus petits, produits des deux yeux secondaires n°s 2 et 3; au-dessus et au-dessous du bourgeon secondaire n° 2 (à ses côtés si la figure était présentée horizontalement), sont deux boutons à fleur, produits des deux yeux, secondaires de l'œil secondaire n° 2, ou tertiaires, n°s 4 et 5; et, enfin, dans la même situation relativement au bourgeon secondaire n° 3, sont deux autres boutons tertiaires, n°s 6 et 7.

On voit par cette figure comment se sont fait jour successivement l'œil principal, les deux yeux secondaires, et les quatre tertiaires. C'est ce qu'on peut appeler la *théorie des* 7 *yeux*.

De cette figure ressortent encore les faits qui suivent :

L'œil principal et les deux secondaires sont devenus boutons à bois ou bourgeons, et les quatre tertiaires boutons à fleur.

Il n'est pas rare de voir un nœud montrant les trois premiers des 7 yeux : l'œil principal et ses deux secondaires. C'est même la garniture normale de presque tous les nœuds d'un bon rameau de remplacement, l'œil principal étant devenu un bouton à bois, et les secondaires des boutons à fleur.

Cet état de choses est conforme à la loi de décroissance qui régit les sorties de ces diverses productions. En effet, l'œil principal n° 1, qui s'est montré le premier, avait plus de vitalité que les deux secondaires n°s 2 et 3, et ceux-ci plus que les quatre tertiaires n°s 4, 5, 6 et 7. Aussi, l'œil principal (voir la figure) a produit un bourgeon plus fort déjà que ceux qu'ont donnés les deux yeux secondaires; et c'est à leur faiblesse relative que les quatre tertiaires doivent d'avoir tourné à boutons à fleur, conformément à cette autre loi qui veut qu'un œil, dans ses transformations successives, suive la voie de la production à bois s'il est vigoureux, et celle de la production à fruit s'il est faible.

On peut, embrassant trois cas, formuler cette loi ainsi :

Végétation active, bois.

Végétation modérée, fruit.

Végétation languissante, ni bois ni fruit.

7. — La taille des coursons de vigne à deux yeux, ou *taille bigemme* (*page* 31), paraît remonter à la plus haute antiquité. Noé la pratiquait sans doute. 80 ans après Jésus-Christ, Columelle, s'appuyant déjà sur les préceptes des anciens auteurs, la décrivait, avec une élégante précision, dans le passage ci-après de son livre *De re rusticâ*. Les amateurs et aussi les jardiniers curieux nous pardonneront cette citation d'un auteur latin; ils la liront, je pense, avec intérêt.

..... *Deinde sequitur talis putatio, ut, ex præcepto veterum auctorum, vitis ad unam virgulam revocetur, eaque recidatur duabus gemmis relictis. Quæ putatio non debet secundum articulum fieri, ne reformidet oculus; sed, medio fere internodio, ea plaga obliqua falce fit, ne, si transversa fuerit cicatrix, cœlestem superincidentem aquam contineat. Sed nec ad eam partem, quâ est gemma, verum ad posteriorem declinatur, ut, in terram potius devexa quam in germen, delacrumet : namque defluens humor cæcat oculum, nec patitur frondescere.*

(Tome I, livre IV, p. 346; édition Panckoucke.)

..... La taille vient ensuite; elle doit être effectuée, d'après les préceptes des anciens auteurs, de manière que la vigne soit réduite à un seul sarment qui sera raccourci à deux yeux. La coupe ne doit pas être faite près du nœud, dans la crainte d'altérer l'œil, mais à peu près au milieu de l'entre-nœuds et obliquement, de peur que la cicatrice, si elle était horizontale, ne retienne l'eau de pluie qui tomberait dessus. Et la pente de cette coupe n'inclinera pas du côté de l'œil, mais du côté opposé, afin que les pleurs de la vigne se déversent plutôt à terre que sur le bourgeon; car cette humeur éteindrait l'œil et l'empêcherait de pousser.

Les deux préceptes de Columelle : tailler au milieu de l'entre-nœuds et faire la coupe oblique avec inclinaison de la pente à l'opposé de l'œil de taille, ne sont pas applicables à la vigne seulement, mais à tous les arbres fruitiers.

8. — La taille du pêcher se fait (*pages* 38 *et* 39) à deux yeux également, pour en obtenir un rameau ou deux rameaux de remplacement selon qu'on prépare sa coursonne à recevoir, l'année d'après, la taille simple ou la taille double, et de plus, au-dessus de ces deux yeux, à deux ou trois nœuds floraux que l'on va chercher, s'il en existe, là où ils se montrent. Autre application de la *taille bigemme.*

9. — C'est le principe absolu de la taille bigemme, dans la vigne, dans celle de treille surtout, qui m'a conduit à recommander, d'une manière non moins absolue, la taille à trois yeux ou boutons, ou *taille trigemme,* d'où sont sorties les *six figures types*, pour les coursonnes de poirier et de pommier (*pages* 43 *et* 44).

J'ajoute, ce que je n'ai pas dit dans ma conférence, que ce nombre trois pour les boutons doit être maintenu, pendant la période végétative, par la suppression des boutons qui se présentent dépassant ce nombre, de manière à ce qu'une coursonne n'ait jamais plus de trois boutons. Ce nombre doit même être réduit à deux quand la coursonne est munie de sa pousse à bois. Ces deux ou trois boutons conservés ont besoin même d'être espacés de 0m 02 à 0m 03 pour se bien nourrir et étaler à leur aise, l'année qui précède celle de la floraison, leurs sept ou huit feuilles.

On ne sait pas assez combien on soulage une coursonne, en la déchargeant des boutons à rosette trop nombreux qui la rongent. Eclaircir ces boutons sur une coursonne, c'est la même chose, pour me servir de l'expression d'un jardinier auditeur de l'un de mes cours, qu'éclaircir une planche de carottes. J'estime que ces boutons produisent, pour ralentir la sève d'un arbre et pour le fatiguer, le même effet que des fruits, avec cette différence qu'il faudra plusieurs boutons à rosette (je ne saurais dire le nombre) pour équivaloir à un fruit; et la fatigue causée à l'arbre sera d'autant plus grande que les rosettes compteront plus de feuilles. Un bouton à rosette n'est-il pas un fruit en élaboration ou gestation, plus ou moins avancée?

Par cet éclaircissement et cet espacement des boutons sur chaque coursonne, joints à l'espacement des coursonnes à 0m 16 ou six pouces, j'ai réussi à obtenir, en contre espalier, des fruits sains de Doyenné d'hiver sur des sujets qui, depuis longtemps, ne donnaient que des fruits tavelés. A ces procédés j'ajoute, il est vrai, des engrais, des arrosages au besoin d'hiver et d'été, et tous les soins qui donnent une riche végétation. Sans rejeter les spécifiques, qu'il faut bien employer contre une maladie déclarée, je crois que le meilleur remède à tous les maux, celui qui fait plus que les guérir, qui les prévient, c'est la bonne culture source de santé pour la plante.

10. — J'ai posé comme règle s'appliquant aux sept principales essences fruitières : vigne, pêcher, abricotier, prunier, cerisier, poirier et pommier, l'*espacement*, *à* 0m 16, *des* *coursonnes entre elles*, soit d'une coursonne unique à une autre coursonne, pour la vigne en cordon, n'ayant de coursonnes qu'en-dessus, soit d'une paire de coursonnes à une autre paire pour la vigne en palmette verticale et les six autres essences de toutes formes (*pages* 29, 36, 42).

11. — Enfin, après avoir fixé l'espacement des coursonnes entre elles, le nombre d'yeux ou boutons qui doit être laissé à chacune d'elles à la taille, fixé le nombre des boutons auquel doivent être réduits, sur chacune d'elles encore, les boutons trop nombreux le plus souvent qui tendent à s'y développer, j'ai fixé enfin le *nombre des pousses à bois nouvelles* qui, dans chaque espèce, doivent être conservées à chaque coursonne (*page* 47), savoir : deux sur la vigne, autant sur le pêcher, ou une seule si l'on prépare sa coursonne à recevoir la taille simple, et une seule sur le poirier et sur le pommier, laissant de côté l'abricotier, le cerisier et le prunier sur lesquels je me réserve encore.

Ce sont ces seules pousses conservées qui, ainsi que les pousses de prolongement, sont cassées herbacées aux longueurs réglementaires. Cette opération ne laisse aucune cicatrice visible et permet de tenir dans le creux de sa main, pour ainsi dire, ce qu'on enlève à un arbre, d'une étendue même considérable, pendant la période végétative.

12. — Pour terminer enfin cette grande préface mise en tête d'un petit écrit, *je verrais avec plaisir* que cet opuscule, tiré à un nombre fort restreint d'exemplaires, d'après les conseils prudents de mon éditeur, se répandît en grande partie, dans le département d'Eure-et-Loir, où, plus qu'ailleurs, il sera compris dans sa brièveté ; car il est un résumé des cours nombreux que j'y ai faits.

J. COURTOIS.

Soulaires, 17 octobre 1874.

CONFÉRENCE

SUR

L'ARBORICULTURE FRUITIÈRE

DES JARDINS.

M. Jules Courtois, Vice-Président de la Société d'Horticulture d'Eure-et-Loir, répondant à une demande qui lui avait été adressée, a fait, à la suite d'une séance mensuelle de la Société d'Horticulture de Seine-et-Oise, un cours d'arboriculture fruitière des jardins.

Nous allons tâcher de résumer, le plus clairement et le plus brièvement qu'il nous sera possible, cette conférence fort substantielle, où le professeur a condensé, en une heure et demie d'explications, les principes fondamentaux de la matière, au double point de vue théorique et pratique.

M. Jules Courtois est, depuis 1866, membre correspondant de la Société d'Horticulture de Seine-et-Oise. Il a vu surtout, dans cette conférence, une occasion de remercier d'une façon effective ses collègues de l'honneur qui lui a été fait il y a bientôt sept ans.

Cette conférence a été un extrait de son cours à l'École normale de Chartres, divisé en quatre chapitres intitulés : le premier, *Notions élémentaires de physiologie végétale, indispensables à connaître;* le deuxième, *Création du jardin fruitier;* le troisième, *Direction des arbres fruitiers;* le quatrième, *Plantes et animaux nuisibles.*

Du quatrième chapitre il n'a rien dit; il a dit peu de choses du premier et du deuxième; mais il a donné la substance en grande partie du troisième.

TABLEAU DES PRINCIPAUX ORGANES EXTÉRIEURS
Du Poirier et du Pommier.

§ 1er. — Organes aériens.

1° *Organes primordiaux.*

1 1. Nœud.
2 2. Mérithalle.
3 3. Cycle 2/5.
4 4. Œil, organe générateur.
— terminal.
(Yeux) latéraux.
Œil principal. 1 }
(Yeux) secondaires. 2 } 7
— tertiaires. 4 }
— etc.
5 5. Feuille.
— terminale, latérales.
— principale, secondaires, etc.

2° *Organe indéterminé.*

6 1. Bouton.

3° *Organes du développement à bois.*

7 1. Bouton à bois.
8 2. Bourgeon.
— normal.
— anticipé de 1re, 2e, 3e, etc., génération.
— anticipé de bonne, d'assez bonne et de mauvaise nature.
9 3. Rameau.
— de prolongement.
— latéraux.
10 4. Branche.
— charpentière.
11 5. Tige.
12 6. Tronc.

4° *Organes de la production à fruit.*

13 1. Bouton mixte, ou couronné.
— de 1re, 2e, 3e, etc., année.
14 2. Rosette.
15 3. Rides.
16 4. Bouton à fleurs.
17 5. Fleur.
18 6. Fruit noué ou ovaire fécondé.
19 7. Fruit.
20 8. Axe floral.
21 9. Bourse.
— de fleurs.
— de fruits.
22 10. Yeux de bourse.
23 11. Chapelet de bourses.
24 12. Lambourde.
25 13. Dard.
26 14. Brindille.
27 15. Coursonnes, coursons ou branches fruitières.

§ 2. — Organe intermédiaire.

28 1. Collet.

§ 3. — Organes souterrains.

29 1. Racine pivot.
30 2. Racines latérales.
31 3. Fibrilles ou chevelu.
32 4. Spongioles.

Chaque science a son vocabulaire, et il importe, pour bien s'entendre, d'être parfaitement d'accord sur la valeur des mots et des termes qui le composent. La science arboricole fruitière a le sien, où figurent notamment les noms des principaux organes extérieurs des arbres, de ceux qu'il est indispensable à un arboriculteur de connaître.

Pour les personnes qui ne sont pas initiées, ce vocabulaire est comme celui d'une langue étrangère; chaque mot y a son sens précis, scientifique.

I.

VOCABULAIRE

Principaux organes extérieurs du Poirier et du Pommier. (1)

Un tableau a été distribué aux auditeurs, contenant les principaux organes extérieurs du Poirier et du Pommier. Ces deux espèces possèdent identiquement les mêmes organes. Elles en ont un plus grand nombre que la vigne et les arbres à fruit à noyau. C'est dans les organes de la production à fruit que sont les organes en plus. C'est là aussi que se trouvent des différences marquées pour plusieurs organes.

Le plus notable des organes que possèdent les arbres à fruit à pepins et qui n'existent pas sur les arbres à fruit à noyau, est *la bourse*, cette source nouvelle de vie, née avec le fruit.

(1) La personne qui voudra sérieusement s'instruire dans la science et la pratique de l'arboriculture fruitière, devra chercher à bien connaître ces organes. Pour cela, il lui faudra les prendre un à un, les examiner sur le vif, c'est-à-dire sur les arbres mêmes, les en détacher au besoin et les étiqueter de leur numéro. Un appel à sa mémoire ne sera pas inutile; qu'elle apprenne par cœur le tableau ci-contre; elle se familiarisera avec les termes qu'il contient. Possédant ces termes, elle pourra parler la langue arboricole; elle ne laissera, assistant aux cours, rien échapper de l'enseignement du professeur qui, sur beaucoup de points, sans cela, sera pour elle lettre close.

Deux autres tableaux analogues sont à faire l'un pour les arbres à fruits à noyau, l'autre pour la vigne. Une grande partie des 32 organes s'y retrouveront; plusieurs disparaîtront, et il en sera introduit quelques nouveaux. Le tableau des principaux organes extérieurs de la vigne sera assez différent des deux autres.

Ces organes extérieurs, au nombre de trente-deux, sont distribués sur ce tableau en vingt-sept organes aériens, en un organe intermédiaire et en quatre organes souterrains. Les organes aériens sont subdivisés à leur tour : 1° en cinq organes primordiaux : *nœud, mérithalle, cycle* 2/5, *œil (yeux)* et *feuille* ; 2° en un organe indéterminé : *bouton* ; 3° en six organes du développement à bois : *bouton à bois, bourgeon, rameau, branche, tige, tronc* ; et 4° en quinze organes de la production à fruit : *bouton mixte, rosette, rides, bouton à fleurs, fleur, fruit noué* ou *ovaire fécondé, fruit, axe floral, bourse, yeux de bourse, chapelet de bourses, lambourde, dard, brindille, coursonnes*. Un organe unique, *collet*, est intermédiaire entre les organes aériens et les organes souterrains. Enfin ces derniers sont : la *racine-pivot*, les *racines latérales*, les *fibrilles* et les *spongioles.*

Le professeur passe rapidement en revue ces trente-deux organes et les définit ainsi :

1° Le *nœud*, renflement qui se produit à des distances variables dans le sens longitudinal et invariable dans le sens circulaire ; c'est l'unique point où tout œil, toute pousse par conséquent, puisse se montrer sur un rameau ;

2° Le *mérithalle*, longueur variable de pousse lisse entre deux nœuds ;

3° Le *cycle* 2/5, série de nœuds, au nombre de cinq, faisant autour d'un rameau deux spires : le numérateur 2 indiquant le nombre de spires ; le dénominateur 5, le nombre d'yeux échelonnés pour faire les deux spires, et la fraction 2/5, la distance invariable dans le sens du pourtour du rameau, d'un nœud à un autre nœud ;

4° L'*œil*, organe générateur duquel sortent, par des modifications successives, tous les autres organes d'un arbre : *omnia ab oculo* (M. Jules Courtois développe ici la théorie des sept yeux : un œil principal ayant un œil secondaire à sa droite et un autre œil secondaire à sa gauche, et chaque œil secondaire ayant à son tour deux yeux tertiaires ou secondaires de secondaires, l'un à droite, l'autre à gauche, ou l'un en dessus et l'autre en dessous, selon que le rameau est placé verticalement ou horizontalement) ;

5° La *feuille*, organe plus ou moins développé qui, simple écaille quelquefois, accompagne toujours un œil ;

6° Le *bouton*, qui est l'œil grossi, incertain encore s'il suivra la voie du développement à bois ou celle de la production à fruit ;

7° Le *bouton à bois*, celui dont le développement sera une pousse à bois ;

8° Le *bourgeon* ou pousse encore herbacée (ici ont trouvé leur place la théorie du bourgeon normal et celle des bourgeons anticipés qui peuvent être de 1re, de 2e, de 3e génération, etc., de bonne, d'assez bonne et de mauvaise nature, théories du reste moins applicables aux Poiriers et aux Pommiers qu'aux Pêchers) (1) ;

9° Le *rameau* ou pousse devenue ligneuse ;

10° La *branche* ou rameau de plus d'un an ;

11° La *tige*, jeune pousse centrale ;

12° Le *tronc*, tige vieillie ;

13° Le *bouton mixte*, celui qui, étant dans la voie de la production du fruit, en peut sortir par excès de vigueur ;

14° La *rosette*, bouton mixte couronné de ses feuilles ;

15° Les *rides*, cicatrices laissées, après leur chute, par les feuilles très-rapprochées les unes des autres qui ont formé la rosette, d'où l'appellation de *bois ridé*, opposée à celle de *bois lisse* ;

16° Le *bouton à fleurs*, celui qui, dans le poirier et le pommier, après avoir été simple œil, l'année de sa naissance, accompagné d'une seule feuille le plus souvent, et bouton mixte ou couronné pendant

(1) Il est utile aussi de définir ces modifications de l'organe principal *bourgeon* :

Le *bourgeon normal* est le développement à bois, régulier et encore herbacé, de ce qui n'était qu'un œil au printemps.

Le *bourgeon anticipé* est le développement irrégulier, dans l'année même, d'un des yeux garnissant le bourgeon normal. Ce bourgeon appelé pour ce motif *anticipé*, n'aurait dû, en suivant les règles ordinaire de la végétation, ne se développer que l'année d'après. On pourrait dire que le *bourgeon anticipé* est le bourgeon d'un bourgeon.

Le *bourgeon anticipé de première génération* est celui qui naît sur le bourgeon normal ; le *bourgeon anticipé de deuxième génération* celui qui naît sur le bourgeon de première génération, etc.

Le *bourgeon anticipé de bonne nature* est celui qui a laissé à sa base, en se développant avec modération, les deux yeux stipulaires ou secondaires ;

Le *bourgeon anticipé d'assez bonne nature* est celui qui, dans un emportement modéré encore, a entraîné avec lui, assez haut, un des deux yeux secondaires, laissant l'autre à sa base, ou ne les a entraînés l'un et l'autre qu'à une faible hauteur.

Le *bourgeon anticipé de mauvaise nature* est celui qui, dans un emportement excessif, a entraîné avec lui, à une hauteur considérable, les deux yeux secondaires ensemble, de manière à en faire deux yeux opposés, ou séparément, l'un après l'autre, en conservant l'alternance. Cet emportement laisse une base de bois lisse et enlève l'espoir que des yeux nouveaux puissent se montrer sur cette base de bois lisse, d'où la qualification *de mauvaise nature*.

plusieurs années, avec trois ou quatre feuilles la deuxième année, six à huit la troisième, s'épanouit ordinairement en un bouquet de fleurs au printemps de la quatrième ;

17° La *fleur*, ce brillant organe fort complexe qui en contient notamment deux autres essentiels, les organes mâles et les organes femelles, de l'union desquels naîtra le fruit ;

18° Le *fruit noué*, organes femelles ou ovaires fécondés ;

19° Le *fruit*, ovaires fécondés ayant atteint tout leur développement ;

20° L'*axe floral*, petit bout de pousse de nature spongieuse, que met au jour l'épanouissement du bouquet de fleurs, et sorte de réceptacle sur lequel celles-ci sont insérées ;

21° La *bourse*, l'axe floral qui a suivi dans son développement celui de la fleur et du fruit ;

22° Les *yeux de bourse*, ceux qui, au nombre de deux ordinairement, se trouvent à la base de tout axe floral ;

23° Le *chapelet de bourses*, série de bourses rapprochées, figurant un chapelet, et nées d'yeux de bourses qui ont suivi la voie de la fructification ;

24° La *lambourde*, organe-support de la fructification ou simplement de la floraison, qui n'est complet qu'après une floraison au moins et comprend : 1° une partie ridée qui a préparé la venue du bouton à fleurs; 2° les yeux, boutons ou rameaux de bourse; 3° la bourse proprement dite; et 4° les cicatrices laissées par les fleurs ou les fruits après leur disparition ;

25° Le *dard*, une des modifications de l'œil qui, ayant suivi la voie de la fructification, a produit une pousse courte, ferme, ridée et terminée par un bouton couronné de feuilles ;

26° La *brindille*, organe de même nature que le dard, mais plus allongé, flexible et non ridé, et que termine également un bouton couronné de feuilles ;

27° Les *coursonnes fruitières*, branches de moyenne grosseur, insérées sur les branches charpentières et qui, raccourcies presque chaque année par la taille, sont destinées à donner les fruits ;

28° Le *collet*, organe intermédiaire entre les organes aériens et les organes souterrains, et qui est le point de jonction d'où partent, en sens inverse, les fibres descendantes de la racine et les fibres montantes de la tige ;

29° La *racine-pivot*, prolongement de la plantule pour un sujet venu de graine et formée, pour un sujet venu de bouture, de la partie enterrée de cette bouture;

30° Les *racines latérales*, celles nées sur la racine-pivot;

31° Les *fibrilles*, radicelles très-ténues et généralement nombreuses, que, pour ce double motif, on a appelées *chevelu*, et dont sont garnies surtout les jeunes racines;

Et 32° les *spongioles*, extrémités des fibrilles, tendres, de nature celluleuse, et servant à l'absorption dans le sol des sucs nourriciers de la plante.

II.

Défoncement du sol.

Au troisième chapitre de son cours, *Création du jardin fruitier*, M. Courtois a emprunté quelques explications concernant la préparation du sol et celle du sujet à planter.

Préparer son sol avant la plantation est une des choses les plus importantes et de laquelle souvent dépend tout le succès dans l'avenir.

L'une des préparations indispensables est le défoncement du sol. Il existe trois natures de défoncement : le simple trou, la tranchée, qui est une suite de trous et le défoncement général, qui peut n'être considéré que comme une suite de tranchées contiguës et parallèles.

Qu'il s'agisse de simples trous, de tranchées ou de défoncement général, 1 mètre est la plus grande profondeur qu'il convient de donner au remuement du sol; et il importe, dût le défoncement n'atteindre que 50 à 60 centimètres, de ne pas attaquer la terre non végétale, surtout si ce sous-sol non végétal est de nature imperméable, sous peine, dans ce dernier cas, de faire pourrir les racines de son arbre comme pourrissent celles d'une plante dans un pot non drainé. Une chose très-importante encore est de faire de la terre remuée un tout homogène, pour avoir pendant toute la vie de l'arbre une végétation uniforme.

Des trois modes, le simple trou ne peut convenir dans le jardin fruitier; ce mode doit être exclusivement employé pour la plantation des arbres fruitiers en plein champ, faite à des distances de 12 à 15 mètres, qui rendent trop coûteux un défoncement général et même des tranchées. Les tranchées elles-mêmes sont insuffisantes pour le remuement du sol d'un jardin fruitier; le défoncement général de tout le terrain est le seul qu'on puisse recommander.

La manière d'opérer ce défoncement mérite d'être détaillée. On peut procéder par des tranchées parallèles ; une fosse alors est faite, dont la profondeur est celle du défoncement et dont la longueur est la largeur de la tranchée, avec une largeur de 1 mètre 50 à 2 mètres. L'ouvrier abat, à la pioche dite *piémontaise*, entre ses jambes, au fond de la fosse, une épaisseur de terre de 0m 33 environ, la broie avec sa pioche également, puis la jette derrière lui en roue avec un autre instrument, la pelle dite aussi *piémontaise*. Les pierres tombent au pied du tas, font une sorte de drainage et la terre est ainsi parfaitement mêlée, constituant un ensemble homogène.

III.

Préparation de l'arbre avant la plantation.

Ce que dit M. Courtois de la préparation du sujet avant sa mise en terre est de nature à heurter plus d'un praticien. Il s'est introduit depuis un certain nombre d'années pour les Poiriers et les Pommiers une pratique que le professeur chartrain croit mauvaise, celle de conserver tout ce qu'on peut des racines du sujet et de laisser la première année la tige sans y toucher. Il croit au contraire que le procédé le meilleur, pour les Poiriers et les Pommiers, arbres à fruits à pepins, comme pour les autres espèces, Pêcher, Abricotier, Prunier et Cerisier, arbres à fruit à noyau, est de couper énergiquement les racines réduites à quatre ou cinq, et d'en faire autant à la tige, mettant en équilibre le plus possible la partie souterraine et la partie aérienne.

M. Courtois va plus loin, il recommande la suppression complète du chevelu qui gêne le jeu des grosses et des moyennes racines, et qui s'oppose à l'adhérence de la terre à ces mêmes racines, adhérence indispensable à la reprise d'un plant quelconque.

Ce procédé a sa théorie soutenable et discutable, comme peut être soutenue et discutée la théorie du procédé contraire ; mais on peut invoquer, à l'appui du raccourcissement énergique des racines et de la tige, et de la suppression du chevelu, une pratique constante et qu'on ne discute plus aujourd'hui, celle des pépiniéristes quand ils replantent pour être écussonnés leurs plants de Poiriers, de Pommiers et autres essences fruitières. Ils mettent ces plants en terre soit au plantoir, soit dans des tranchées, après les avoir réduits par l'enlèvement total du chevelu et celui des racines latérales, et par le raccourcissement de la racine-pivot, à l'état d'une simple bouture, d'un bâton. Qu'on fasse du reste, dit M. Courtois, sur des Poiriers et des Pommiers de deux ans, et principalement encore sur des Poiriers greffés sur Coignassiers munis, quand on les achète, d'un très-épais chevelu, une expérience comparative.

D'une part, qu'on plante un certain nombre de sujets avec tout ce qu'on aura pu, lors de leur enlèvement de la pépinière, obtenir de racines et de chevelu; qu'on laisse intactes toutes les parties de leurs racines, avec leur chevelu, et de leur tige, se réservant de ne tailler celle ci que la deuxième année.

D'autre part, qu'on opère sur un nombre égal d'arbres, en raccourcissant au contraire la tige et les racines, et supprimant tout le chevelu. M. Courtois propose pour ce raccourcissement les dimensions ci-après : 0m 20 pour la racine-pivot, 0m 10 pour les racines latérales, et 0m 33 à 0m 50 pour la tige selon qu'on veut obtenir à une plus grande hauteur les trois pousses qui seront le commencement de la palmette, en supposant que cette forme recommandable soit celle adoptée. Qu'on supprime même, pour que rien ne fasse obstacle à l'adhérence de la terre, les racines touchant à d'autres, afin de mettre en terre un arbre dont les racines seront espacées entre elles comme les cinq doigts de la main écartés; qu'on plante enfin avant l'hiver, à cette époque de laquelle on a dit :

> A la Sainte-Catherine (1),
> Tout bois prend racine.

Les résultats obtenus au bout de l'année seront les suivants :

D'une part, on aura des arbres qui auront développé à feuilles tous leurs boutons mixtes et même épanoui des boutons à fleurs (il s'en rencontre quelquefois), mais sans aucune pousse à bois nouvelle; et, comme un arbre ne fait de racines nouvelles que dans la proportion des rameaux nouveaux qu'a produits la tige, les racines des arbres seront dans le même état, à peu de chose près, où elles étaient au moment de la plantation.

D'autre part, on verra se développer plusieurs pousses à bois nouvelles qu'on aura pu, dans l'hypothèse toujours d'une palmette, réduire à trois par le cassement des autres, et à l'automne on pourra constater sur la tige trois rameaux nouveaux qui, taillés à l'hiver, formeront la flèche et les deux premières branches charpen-

(1) 25 novembre.

tières de la palmette; et, dans la végétation souterraine, en déplantant quelques sujets, on trouvera de moyennes ou fortes racines nouvelles correspondant aux rameaux nouveaux.

D'une part, cette première année, les arbres auront langui, quand, d'autre part, ils auront pris leur élan.

Cet avantage, qu'auront les seconds sur les premiers, d'une bonne reprise l'année même de la plantation, pourra se maintenir longtemps; et la taille, faite l'année suivante sur les premiers qu'une année de langueur aura endurcis, ne leur fera pas reprendre l'avance que sur eux les seconds auront gagnée.

De la partie la plus importante du troisième chapitre de son cours, la *Direction des arbres fruitiers*, M. Courtois a fait un résumé que nous allons tâcher d'analyser nous-même succinctement.

IV.

Douze formes types.

Il a dit quelques mots seulement des formes, question au sujet de laquelle on discutait avec passion il y a quelques années. Quelle que soit la forme adoptée, les principes de direction de la branche coursonne ou branche fruitière restent les mêmes. Des dessins exposés dans la salle font ressortir une douzaine de formes types s'engendrant les unes les autres, en prenant pour base les trois grandes divisions de la géométrie, *ligne*, *surface* et *solide*.

Ces douze formes sont résumées dans le tableau ci-après, p. 23:

La ligne donne trois formes: *cordons vertical, oblique* et *horizontal*;

La surface en donne six, trois à tige non divisée: *palmette simple à branches obliques, palmette simple à branches horizontales* et *palmette Verrier* à branches en partie obliques ou horizontales et en partie redressées verticalement, et trois à tige bifurquée: *palmette double à bifurcation verticale, V ouvert à bifurcation oblique, candélabre à bifurcation horizontale.*

Le solide donne les trois dernières formes qui sont: *colonne* ou *fuseau*, *cône* ou *pyramide*, *gobelet* ou *vase*.

En dehors de ces douze formes, un grand nombre d'autres peuvent être imaginées; c'est affaire d'architecte, de dessinateur.

Le cordon vertical est des formes lignes la meilleure; mais des espaliers ou contre-espaliers d'une grande hauteur lui sont nécessaires.

Tableau des douze formes types.

LES DOUZE FORMES TYPES				
§ 1er 3 Formes lignes.	1re Ligne verticale			1re Cordon vertical.
	2e — oblique			2e — oblique.
	3e — horizontale			3e — horizontal.
§ 2 6 Formes surfaces.	I Tige non divisée	1re à branches obliques		4e Palmette simple.
		2e — horizontales		5e —
		3e — obliq. ou horizont., puis verticales.		6e Palmette Verrier.
	II Tige bifurquée	4e bifurcation verticale		7e Palmette double.
		5e — oblique.		8e V ouvert.
		6e — horizontale		9e Candélabre.
§ 3 3 Formes solides.	1re Tige verticale non divisée, non branchue			10e Colonne ou Fuseau.
	2e — — branchue			11e Cône ou Pyramide.
	3e Tige multifurquée			12e Gobelet ou Vase.

Des formes surfaces, la meilleure est la palmette Verrier, composée en grande partie de cordons verticaux; et dans les formes solides, le gobelet à branches verticales, sans évasement.

Les formes surfaces, du reste, constituées avec une série de cordons dont chacun n'est qu'une tige, ou avec une tige non divisée, ou divisée, tendent à se généraliser de plus en plus, surtout à cause de la facilité qu'on a de les garantir des gelées meurtrières du printemps; mais elles nécessitent des treillages dont la pyramide ou cône n'a pas besoin.

Parmi les formes solides, le gobelet et le fuseau se prêteraient encore à des moyens de préservation presque impraticables avec une pyramide.

V.

Classification des 7 principales espèces fruitières en 4 groupes.

Le professeur aborde la direction des arbres, dont l'acte principal est la taille proprement dite, comprenant toutes les sections inévitables qu'exige d'hiver et d'été un arbre soumis à une forme quelconque.

Il existe sept essences fruitières principales: un arbuste, la Vigne, et six arbres: le Pêcher, l'Abricotier, le Prunier, le Cerisier, le Poirier et le Pommier. Il va de soi que le mode de direction n'est pas le même pour tous; la Vigne ne se dirige pas comme le Poirier; mais les modes différents qui conviennent aux diverses espèces, si dissemblables qu'ils soient, ne sont pas sans liens entre eux. Ils sont enchaînés l'un à l'autre au contraire par des principes communs à tous.

Parmi ces modes, les uns moins compliqués sont plus faciles à comprendre et à mettre en pratique, d'autres plus complexes offrent aussi plus de difficultés; si l'on prend encore comme points de comparaison le mode de direction de la Vigne et celui du Poirier, il est incontestable que le second plus complexe est aussi plus difficile que le premier à connaître et à pratiquer.

Une règle existe qui est un guide dans tout enseignement, c'est qu'il faut toujours procéder, pour s'instruire ou instruire les autres, du simple au composé, du facile à ce qui l'est moins.

C'est cette règle, après avoir comparé les modes différents de direction des différentes espèces, qui a conduit M. Courtois à donner un ordre raisonné à son enseignement au point de vue des espèces, commençant, et disant le pourquoi, par une espèce plutôt que par une autre et les rangeant toutes, en continuant, dans un ordre déterminé.

Il a pris, pour base de l'ordre par lui adopté, le mode de floraison plus ou moins prompt de chaque espèce, et il a fait la classification suivante en quatre groupes des sept principales espèces sus-indiquées :

1er groupe, Vigne ;
2e groupe, Pêcher ;
3e groupe, Abricotier, Prunier et Cerisier ;
4e groupe, Poirier et Pommier.

1° La *Vigne* a un mode de floraison des plus rapides. Ce qui n'est qu'un œil, un gros bouton au printemps, donne dans l'année même, en se développant, tout, c'est-à-dire les quatre choses ci-après : bois, feuilles, fleurs et des yeux nouveaux pour la pousse de l'année suivante ;

2° Le *Pêcher* met un an de plus à élaborer sa floraison ; l'œil qui se développe en une pousse, au printemps, ne donne que du bois, des feuilles, des yeux à la base de celles-ci, mais pas de fleurs et par conséquent pas de fruits ; les fleurs n'apparaîtront que la deuxième année aux nœuds des pousses de l'année précédente ; ce sont les yeux dont ces nœuds étaient munis, qui sont devenus les uns des boutons à bois, les autres des boutons à fleur.

Il arrive quelquefois, cette deuxième année, que les boutons à bois, au lieu de se développer en longues pousses à longs mérithalles, ne s'allongent que faiblement, produisant de courts rameaux de 0m 03 à 0m 04, à très-courts mérithalles. L'année d'après, c'est-à-dire la troisième année, tous les yeux uniques, mais très-rapprochés dont ces courts rameaux étaient garnis, sont devenus des boutons à fleur qui, en s'épanouissant, donnent naissance à des productions florales qu'on a appelées *bouquets de mai* ; ces bouquets n'ont ordinairement qu'un seul bouton, le terminal, qui soit à bois. Ils donnent presque toujours de beaux fruits, mais ils sont une exception sur un Pêcher bien taillé, car il est difficile d'en obtenir un bon rameau de remplacement.

3° Ces bouquets de mai, production de troisième année, sont nombreux au contraire dans l'*Abricotier*, le *Prunier* et le *Cerisier* ; ce sont eux qui donnent en grande abondance les plus beaux fruits. Le rameau de l'année précédente, chez ces trois espèces d'arbres à fruit à noyau, n'est pas, comme chez le Pêcher, normalement florifère. Pour peu que ce rameau ait quelque vigueur, il n'est garni que de boutons à bois ; la fructification est au-dessous, sur la partie du rameau plus âgée d'une année. Le fait se manifeste au printemps, tout particulièrement, sur les Cerisiers de la variété dite *Cerisier anglais*, dont les cimes sont surmontées de pousses, formant une sorte de plumet vert sans fleurs, au-dessous duquel immédiatement sont les bouquets de mai insérés sur du bois de deux ans accomplis, commençant sa troisième année.

4° La floraison est plus lente encore à se produire sur les deux espèces d'arbres à fruits à pepins, *Poirier* et *Pommier*.

Voici la marche que suivent généralement, pour arriver à floraison, les yeux qui n'ont pas quitté cette voie :

Qu'on prenne toujours pour point de départ un œil, un bouton à bois, au printemps ; il produira une pousse à long mérithalle ; cette pousse de l'année n'est pas plus florifère, cette première année, que celle du Pêcher et des autres espèces d'arbres à fruit à noyau ; les yeux qui la garnissent n'ont guère qu'une feuille en général, deux quelquefois, très-rarement davantage. La seconde année, ces mêmes yeux (il faut supposer qu'ils n'ont pas abandonné la voie de la fructification) s'allongeront faiblement en de jeunes pousses terminées par un bouton couronné de trois à quatre feuilles. Ce seraient des bouquets floraux pour la troisième année, sur les arbres à fruit à noyau, mais avec ce nombre de feuilles, chez le Poirier et le Pommier, l'élaboration florale n'est pas encore achevée. La troisième année, ces productions qui, sur le Poirier et le Pommier, portent le nom de dards, s'allongeront encore faiblement et se couronneront cette fois de six à huit feuilles. Ces nombres (celui de sept se rencontre fréquemment) sont les indices que la floraison a été élaborée et que le bouton existant au centre de la rosette contient une inflorescence qui, au printemps de la quatrième année, s'épanouira en un bouquet de fleurs.

Les boutons à fleurs sont, pour un praticien exercé, reconnaissables l'année qui précède leur épanouissement, de très-bonne heure, dès le mois de juillet et même plus tôt, par leur couleur, leur rotondité et par le nombre des feuilles de la rosette.

Ces règles sont, M. Courtois en convient, sujettes à des exceptions. Si la règle qui distingue la floraison de la Vigne, se produisant l'année même du développement du bourgeon, de celle du Pêcher, qui a lieu la deuxième année seulement, est absolue, d'un autre côté le Pêcher, classé comme donnant sa floraison la deuxième année du développement de son bourgeon, a ses bouquets de mai, productions florales qui ne se montrent que la troisième année ; et l'Abricotier, le Prunier et le Cerisier, classés comme donnant leur floraison au moyen de bouquets de mai la troisième année, fleurissent souvent sur le rameau de l'année précédente.

c'est-à-dire la deuxième année, surtout si ce rameau a peu poussé. Il peut, dans ce cas, n'être considéré lui-même que comme un bouquet de mai terminal, inséré sur le bois de deux ans qui l'a produit.

Quant au Poirier et au Pommier, formant ensemble le quatrième et dernier groupe et indiqués comme donnant leur floraison la quatrième année seulement, ils offrent de nombreuses anomalies, de nature à faire douter de la règle, notamment sur certaines espèces très-florifères, trop florifères, les *Doyennés* par exemple et la *Duchesse*. Il n'est pas rare de voir, sur ces variétés, les bourgeons de l'année élaborer des boutons floraux qui s'épanouissent comme sur le Pêcher au printemps de la deuxième année; le bouton terminal des rameaux a surtout cette tendance.

L'on voit souvent encore sur les Poiriers et les Pommiers des boutons floraux se former, comme les bouquets de mai des arbres à fruit à noyau, la deuxième année, pour s'épanouir la troisième.

Il est même une nature d'yeux, les yeux de bourse, dont c'est l'évolution presque normale. Nés en même temps que les fleurs, à la base de l'axe floral ou bourse, ces yeux deviennent ordinairement, dans l'année même, quand une exubérance de sève ne les fait pas se développer à bois, des boutons couronnés de trois ou quatre feuilles. Ils se transforment la deuxième année en boutons couronnés de six à huit feuilles ou boutons à fleurs et s'épanouissent en bouquets floraux la troisième.

C'est par cette évolution de deux années des yeux de bourse pour élaborer une floraison qui s'épanouit au printemps de la troisième année, que s'explique l'alternance de floraison bisannuelle des poiriers et pommiers à haut vent, quand ils sont en plein rapport et par conséquent d'une végétation modérée. La première année de l'existence des yeux de bourse se confond avec l'année de fructification. L'année infertile, qui suit, est la deuxième année d'existence des yeux de bourse, transformés cette année-là en boutons à fleurs qui, s'épanouissant l'année suivante, constituent une nouvelle année de floraison; et ainsi de suite pour les années subséquentes.

Cette théorie de la classification des sept espèces fruitières en quatre groupes fut développée à M. le docteur Jules Guyot, dans l'hiver néfaste 1870-1871, où, atteint du mal qui l'a emporté, il était venu chercher un refuge à Chartres. Il lui appliqua les appellations suivantes de *floraison annuelle*, *bisannuelle*, *trisannuelle* et *quadrisannuelle*.

Si cette classification, présentée d'une façon aussi absolue, est contestable, elle ne l'est guère, dit M. Courtois, quand on se contente de dire que la floraison se manifeste plus promptement sur la

Vigne que sur le Pêcher, sur le Pêcher que sur l'Abricotier, le Prunier et le Cerisier, et sur ces trois dernières essences que sur le Poirier et le Pommier.

Cette classification a un mérite sérieux, celui de donner une raison pour suivre un ordre dans l'enseignement de la direction des diverses essences fruitières. Cet ordre est de plus, comme on va le voir, imposé par les principes de direction qui sont plus simples et plus faciles pour la Vigne que pour le Pêcher, pour le Pêcher que pour l'Abricotier, le Prunier et le Cerisier, et pour ces trois espèces que pour le Poirier et le Pommier; le temps plus ou moins long que met chaque espèce à élaborer sa floraison étant naturellement une cause de complexité plus ou moins grande des principes de direction.

Si on consulte les auteurs, la plus grande divergence règne parmi eux. Ceux-ci ont commencé par le Pêcher, ceux-là par une autre espèce d'arbre à fruit à noyau, d'autres par le Poirier et le Pommier; un seul, à ma connaissance, dit M. Courtois, a commencé par la Vigne, c'est M. le comte Lelieur; d'autres enfin ont tout mêlé; et ni les uns ni les autres n'ont donné le motif de leur préférence; on peut dire que la fantaisie seule les a guidés.

L'ordre que M. Courtois propose et que, selon lui, la nature impose, c'est de commencer par enseigner la direction : 1° de la Vigne; 2° du Pêcher; 3° de l'Abricotier, du Prunier et du Cerisier; et 4° du Poirier et du Pommier.

C'est l'ordre qu'il a observé dans ce qui va suivre.

VI.

Opérations d'hiver; opérations d'été.

On n'a pas suffisamment distingué jusqu'ici les opérations à faire pendant le repos de la sève ou *opérations d'hiver*, de celles à faire pendant le mouvement de la sève ou *opérations d'été*.

C'est là une première division fondamentale.

Une seconde non moins importante doit encore être faite, c'est qu'il n'existe sur tout arbre que deux natures de branches, les *branches à bois* ou charpentières et les *branches à fruit* ou coursonnes.

En suivant cette double division et en observant la classification sus-indiquée, M. Courtois fait connaître quelles opérations sont à faire pendant la période du repos de la sève et quelles autres pendant la période végétative sur les branches à bois d'abord, puis sur les branches à fruits des sept espèces fruitières principales.

§ 1er. — OPÉRATIONS PENDANT LE REPOS DE LA SÈVE, OU D'HIVER.

1° Vigne.

A. *Taille du sarment de prolongement, ou de la branche à bois.* — Le cycle végétal de la Vigne n'est pas de cinq nœuds comme celui, expliqué plus haut, des six autres essences, et ne s'exprime pas par la fraction 2/5. Ce cycle est de deux nœuds et la fraction qui l'exprime est 1/2. Le numérateur 1 indique qu'un tour du rameau ou spire est fait par le cycle, le dénominateur 2, que ce cycle se compose de deux nœuds, et la fraction 1/2, dans son ensemble, qu'il y a un demi-tour du rameau effectué d'un nœud à un autre nœud.

De cette disposition il résulte que lorsqu'un sarment de vigne est présenté horizontalement, de manière à ce qu'un nœud soit en dessus, tous les nœuds sont, alternativement et avec une exactitude géométrique, l'un en dessus, l'autre en dessous, le troisième en dessus, le quatrième en dessous, etc.

Cette disposition naturelle doit être utilisée pour la direction et la taille du sarment de prolongement, la seule partie de la branche charpentière dont il y ait à s'occuper, si le surplus est garni de branches à fruits ou coursons formés. Le sarment étant placé horizontalement et des numéros étant donnés successivement à tous les nœuds, l'œil du premier nœud en dessus sera conservé pour former le premier courson, l'œil du second nœud en dessous sera supprimé, l'œil du troisième nœud conservé pour un deuxième courson, et ainsi de suite. Les numéros impairs seront conservés pour l'établissement de coursons nouveaux, et les numéros pairs supprimés jusqu'à ce que, le nombre de coursons à former étant suffisant, la taille soit faite sur l'œil d'un dernier nœud pair, pour la continuation du cordon ou branche charpentière. Tous les coursons seront ainsi, avec une régularité parfaite, placés sur le dessus, et la taille opérée sur un œil en dessous continuera le cordon sans coude sensible.

Une irrégularité toutefois, et assez considérable souvent, existera dans les distances des coursons entre eux. Cette irrégularité inévitable est due aux longueurs variables des mérithalles qui se sont plus ou moins allongés, selon que le mouvement de la sève a été plus ou moins grand quand ces mérithalles se sont formés. Mais cette irrégularité disparaîtra dans un ensemble de coursons qui se trouveront distancés entre eux d'environ 0m 16 en moyenne (6 pouces). Car, il est bon d'insister sur ce fait : toujours équidistants dans le sens du pourtour du rameau, les nœuds ne le sont plus dans le sens de la longueur.

La longueur des mérithalles se présente si grande parfois, sur une jeune Vigne, que, par exception, au lieu de supprimer un œil pair en dessous, on l'utilise en faisant passer la pousse derrière le cordon.

Par contre, quelquefois, un ou plusieurs nœuds de la base, trop rapprochés, ne seront pas comptés.

Si au lieu d'un cordon horizontal on avait à diriger un cordon vertical, tous les yeux pairs et impairs seraient employés à former des coursons, sauf le dernier, destiné à la continuation de la tige. Il faudrait avec soin placer son sarment de manière à ce que les yeux soient l'un à droite, l'autre à gauche, ou *vice versâ*, alternativement.

C'est là tout ce qu'au point de vue de la taille il y a à faire au sarment de prolongement, c'est-à-dire à la branche charpentière d'un cordon de Vigne pendant la période du repos de la sève ou en hiver.

B. *Taille des coursons ou branches à fruits.* — Les opérations à faire aux coursons, pendant la même période, ne sont pas moins simples.

Vigne. — Fig. 1. 1re année de taille simple ou double. Février-mars 1871. Avant la taille.

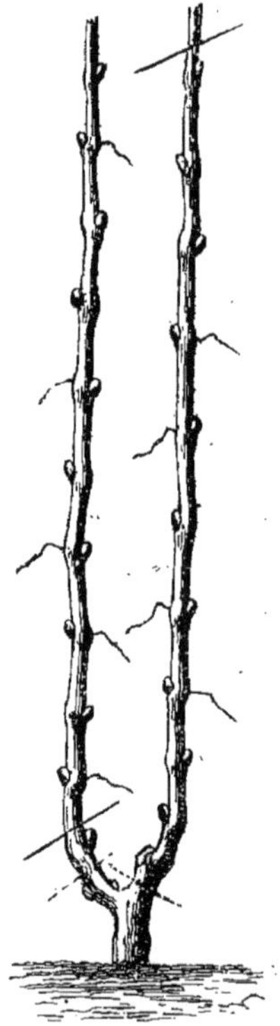

Vigne. — Fig. 2. — 2e année de taille simple ou double. Février-mars 1872. Avant la taille.

Pour la démonstration, il convient de prendre un sarment qui, né la précédente année d'un des yeux conservés sur le rameau de prolongement, n'a pas encore reçu de taille. Il est taillé à deux yeux invariablement : un franc œil ou œil ayant au-dessous de lui un mérithalle sensible, et un œil des bourres ordinairement très-visible ; c'est la taille classique, la *taille bigemme*, ainsi appelée par Columelle (Fig. 1). De ces deux yeux naîtront deux sarments, et, l'année d'après, c'est-à-dire la deuxième année, ces deux sarments seront traités différemment, selon que l'on voudra faire la *taille simple* sur un seul des deux sarments, ou la *taille double* dite encore *en crochet*, sur les deux sarments (Fig. 2) (1).

1° *Taille simple, taille bigemme.* — Dans le premier cas, celui de la taille simple, le sarment supérieur produit du franc œil est supprimé, et le sarment inférieur, produit de l'œil des bourres, est taillé à deux yeux, comme l'unique sarment de l'année précédente et ainsi de suite tous les ans. Est-il rien de plus simple? Les deux traits pointillés (Fig. 2) indiquent l'un la suppression du sarment supérieur et l'autre la taille à un franc œil et à un œil des bourres du sarment inférieur.

Une circonstance peut se présenter où une deuxième taille est nécessaire. Un courson, même taillé régulièrement, ainsi qu'il a été dit, s'exhausse chaque année de l'épaisseur de l'empâtement qui est au-dessous de l'œil des bourres. Au bout d'un certain nombre d'années, le courson a pris de la longueur. Il importe de le rabattre. Des yeux percent très-facilement sur le vieux bois dans la Vigne, et, quand une pousse née d'un de ces yeux, se montre rapprochée de la base du courson, au lieu de la supprimer à l'ébourgeonnage dont il sera parlé plus bas, on la conserve, on favorise même son développement. Elle est *pampenaire* (2), c'est-à-dire infertile, l'année de son développement, et peu fertile encore la deuxième année. On la taille alors sur l'œil des bourres pour obtenir un sarment qu'on taille à raisin l'année suivante, après avoir jusqu'à lui rabattu le courson. Cette taille faite sur un sarment existant à la base du courson, en vue de raser celui-ci l'année d'après, est connue des vignerons des environs de Chartres. Ils l'ont nommée *Taille en ergot*.

(1) La Figure 1 et la Figure 2 sont utilisées pour la démonstration à la fois de la taille simple et de la taille double. Cette dernière n'étant pas pratiquée généralement sur les vignes de treille, les deux premières figures ont été prises non sur un cordon de vigne de treille, mais sur un cep, afin que, les figures servant à démontrer la taille, la 1re, la 2e et la 3e année, en s'engendrant l'une l'autre d'une manière exacte, fassent mieux ressortir la progression du développement qui s'effectue d'une année à l'autre.

Disons encore que, sur la vigne des champs, la taille courte ou bigemme ne se fait pas d'ordinaire avec la même précision que sur la vigne de treille. Moins soucieux de ne voir sa coursonne s'exhausser que le plus lentement possible, le vigneron taille à deux francs yeux au lieu d'un franc œil et du gros œil des bourres. C'est la taille à deux francs yeux que représentent la Figure 1 et aussi, par le trait non pointillé, la Figure 2 sur le rameau inférieur.

(2) Ce mot est encore de Columelle : *palmites pampinarii*, sarments ne donnant que des pampres, sans fruit.

Et 2° *Taille double, taille multigemme.* — Dans le deuxième cas,

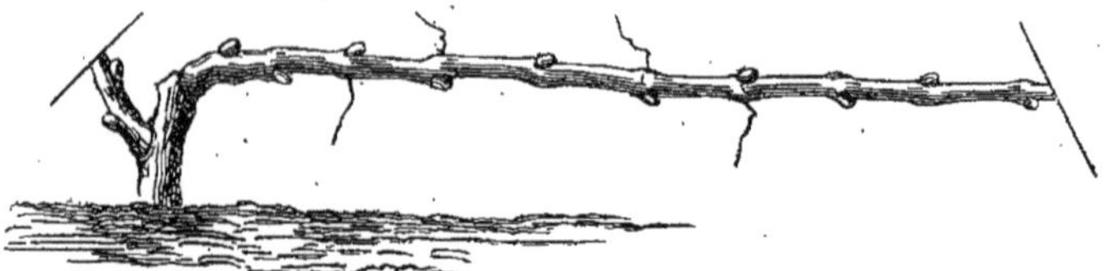

Vigne. — Fig. 3. — 2e année de taille double. Février-mars 1872. Après la taille et l'abaissement de la branche.

celui où l'on veut faire la taille double, aucun des deux sarments n'est supprimé la deuxième année. — Les traits non pointillés (Fig. 2), au sommet du sarment supérieur et à la base de l'inférieur, indiquent les tailles.

Le sarment supérieur est taillé long, soit à dix nœuds *(taille multigemme)*, et l'inférieur subit la taille à deux yeux ou taille bigemme, comme l'unique sarment dans la taille simple. La forme du courson ainsi taillé représente assez bien celle d'un crochet; aussi a-t-on donné à cette taille le nom de *taille en crochet* (Fig. 3).

Cette taille, faite la deuxième année, donne, à

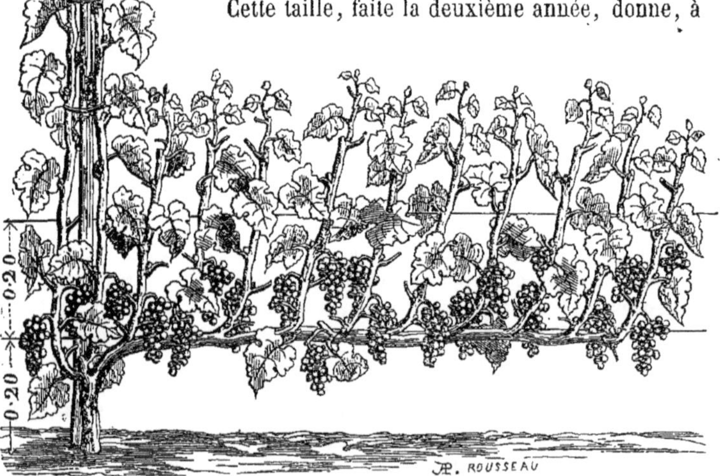

Vigne. — Fig. 4. — 2e année de taille double. Septembre-octobre 1872. Avant la vendange.

la récolte, si les circonstances ont été favorables, le résultat que représente la Figure 4. Les 10 yeux du bois long ont produit 10 sarments nouveaux qui portent chacun 2 grappes, soit 20 grappes; les deux yeux du sarment taillé court ont produit 2 sarments nouveaux qui, portant également chacun 2 grappes, complètent le nombre de 24 grappes pour ce cep (Fig. 4) (1).

La troisième année, lors de la taille d'hiver, on se trouve en présence des dix sarments qui se sont développés sur le bois long et des deux sarments nés de la taille courte à deux yeux (Fig. 5).

Le bois long avec tous ses sarments est complétement supprimé, et l'on a devant soi, après cette suppression, les deux forts et hauts sarments, constitués l'année précédente. On les taille, le supérieur long, l'inférieur court, comme les deux uniques sarments de l'année précédente, et ainsi de suite chaque année (Fig. 5).

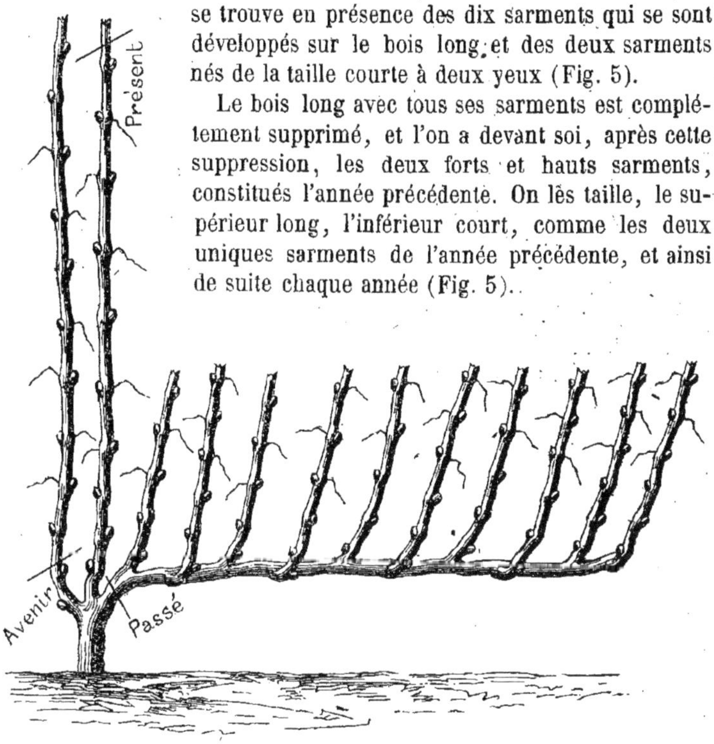

Vigne. — Fig. 5. — 3e année de taille double. Février-mars 1873. Avant la taille.

C'est à ces trois tailles, qu'après un cours fait en 1860 à Chartres par M. Courtois, un des auditeurs, M. d'Abnour, son collègue au tribunal de première instance de cette ville, appliqua les trois mots

(1) La Figure 4 a été dessinée et gravée, en septembre 1868, par M. Rousseau, graveur à Chartres, d'après nature, sur un des ceps taillés, suivant la méthode à long bois, au Jardin de la Société d'horticulture et de viticulture d'Eure-et-Loir, à Chartres. Un grand nombre de ceps ressemblaient à celui-ci.

passé, *présent*, *avenir*, mots d'une justesse parfaite, à quelque nom ou expression qu'on l'adjoigne ; qu'on dise *rameau* ou *sarment*, ou *taille*, ou *coup de serpette du passé*, *du présent et de l'avenir*. Prenant l'expression *coup de serpette* ou de *sécateur*, on appellera *coup du passé*, l'enlèvement du bois taillé long l'année précédente et qui a pu produire vingt grappes ; *coup du présent*, la taille du long sarment appelé à produire dans l'année, si dix yeux ou nœuds lui ont été conservés, vingt grappes encore, et *coup de l'avenir*, le raccourcissement du sarment taillé à deux yeux, duquel pourront naître quatre grappes, ce qui fera les vingt-quatre grappes en tout (Fig. 4 et 5).

La justesse de ces trois expressions est telle qu'elles trouvent encore leur application quand, la deuxième année (Fig. 2), on est en face de deux sarments seulement, et même la première année (Fig. 1), quand on est en face d'un seul.

Pour la figure 2 le passé est dans le sarment supérieur supprimé, le présent dans l'œil supérieur du sarment unique taillé à deux yeux, et l'avenir dans l'œil inférieur. Pour la figure 1 le passé est dans le haut du sarment enlevé à la taille, le présent dans l'œil supérieur, et l'avenir dans l'œil inférieur.

Ces trois mots résument toute une théorie; ils sont devenus classiques, et M. le docteur Guyot leur a donné une sorte de consécration en disant d'eux dans son grand ouvrage, *Étude des vignobles de France* : « Il est impossible de réduire la taille type de la Vigne » à une formule plus propre à être gravée dans l'esprit du praticien. » (T. III, p. 533.) »

La taille simple est la seule usitée sur les Vignes de treille. Elle suffit et donne, appliquée au Chasselas de Fontainebleau notamment, abondance, beauté et qualité de produits.

C'est dans les vignes de vignoble, avec certains cépages, avec le franc pineau particulièrement et ses variétés, que la taille double ou en crochet, ou à long bois, est pratiquée avec succès. Elle n'en reste pas moins, pour employer l'expression du docteur Guyot, *la taille type*, la taille simple n'étant que la taille double non-complète. La connaissance de celle-ci est indispensable pour bien posséder celle-là. De plus, ainsi qu'on va le voir, la taille double est encore la taille type du Pêcher, ce qui va simplifier d'une façon notable la démonstration concernant la taille d'hiver de ce dernier arbre.

2° Pêcher.

M. Courtois suit la même division que pour la Vigne ; il s'occupe d'abord de la taille applicable aux rameaux de prolongement des branches charpentières, puis de celle qu'exigent les coursonnes ou branches fruitières.

A. *Taille du rameau de prolongement de la branche charpentière.* — Le cycle sert encore ici de guide pour le choix des yeux destinés à former des coursonnes nouvelles; mais ce n'est plus le cycle exprimé par la fraction 1/2, c'est celui qui a pour expression la fraction 2/5 et dont la définition est donnée plus haut, page 16.

Sur un rameau qui a une vigueur moyenne, et après les deux ou trois premiers nœuds très-rapprochés de la base, le cycle d'un rameau de Pêcher comprend une longueur de 0^m 15 à 0^m 20 environ, la distance moyenne entre chaque nœud étant de 0^m 03 à 0^m 04 environ (1).

Ceci admis, on applique à la muraille son rameau de prolongement, et on y fait choix, en supposant ce rameau dans une position oblique ou horizontale, d'un œil qui soit sur le dessus naturellement, ou qu'on y amène au moyen d'une légère torsion. Si l'œil est exactement en dessus, les lois mathématiques du cycle veulent que l'œil qui suivra vers le sommet soit en dessous, dans le même plan, à 1/10 près de tour du rameau (Fig. 13).

Ces deux yeux n°s 1 et 2 du cycle, destinés à faire deux nouvelles coursonnes, sont précieusement conservés dans ce but, et même favorisés plus tard dans leur développement.

Des n°s 3, 4 et 5, il ne sera conservé que ceux utiles pour éviter une nudité temporaire, la première année; et, dans la position exacte du rameau sus-indiquée, le n° 4 étant seul devant, devra seul être conservé; il occupe aussi, placé au milieu, la meilleure position pour faire de l'ombrage. La pousse que produira ce n° 4, loin d'être favorisée, sera de bonne heure cassée court et tendre. On tirera le même parti de plusieurs cycles successifs pour élever ainsi un nombre de paires de coursonnes, en rapport avec les vigueurs combinées de l'arbre et du rameau.

Il importe de remarquer que, dans les branches charpentières obliques ou horizontales, le n° 1 étant pris en dessus et en arrière,

(1) Voir la Figure 13, ci-après, page 60, représentant deux cycles et les trois premiers nœuds d'un troisième cycle 2/5.

Le dessin a été fait sur un rameau de poirier (nous regrettons de n'avoir pas noté l'espèce) après réduction proportionnelle, d'un peu plus de moitié. En additionnant la longueur des 10 premiers mérithalles, ou de deux cycles: 0^m 032, + 0^m 036, + 0^m 034, + 0^m 035, + 0^m 040, + 0^m 033, + 0^m 029, + 0^m 026, + 0^m 022, + 0^m 033, on obtient 0^m 33 pour deux cycles, ou une moyenne de 0^m 165 par cycle, 6 pouces environ.

et le n° 2 en dessous et en avant, cette disposition partage également, entre les deux yeux que représentent ces deux numéros, deux avantages et deux désavantages, de manière que chacun ait un avantage et un désavantage, et que les deux avantages ne soient pas pour l'un et les deux désavantages pour l'autre. Ainsi, le n° 1, qui a l'avantage d'être en dessus, a le désavantage d'être en arrière, moins près du sommet, et le n° 2, qui a le désavantage d'être en dessous, a l'avantage d'être en avant, plus rapproché du sommet. La position d'un œil, au point de vue de la vigueur de son évolution, est (chacun le sait) d'autant plus avantageuse que cet œil est plus rapproché du sommet et d'autant plus désavantageuse qu'il en est plus éloigné. Par ce moyen, l'équilibre s'établit entre ces deux yeux occupant deux positions tout à fait opposées, l'un en dessus, l'autre en dessous du rameau.

Le procédé, comme on le voit, est le même que pour la Vigne, moins simple toutefois parce qu'on a à combiner les positions de cinq yeux au lieu de deux seulement.

M. Courtois appelle cette opération : *faire ses élèves*, opération des plus importantes, puisque les coursonnes qu'on aura élevées sont appelées à vivre autant que la branche charpentière, autant que l'arbre lui-même.

Comme dans la Vigne, il arrivera souvent que les yeux ne seront pas espacés de manière à ce que les coursonnes aient leur distance normale qui, pour le Pêcher, est aussi de 6 au mètre, mais par paires, soit 12 en tout. Le motif déjà dit, c'est que, si la distance d'un nœud à un autre nœud dans le sens du tour de la branche est invariablement de 2/5, il n'en est pas de même de la distance d'un nœud à un autre nœud dans le sens de la longueur de cette même branche. Au cas où le choix des yeux du cycle, pour faire des coursonnes avec les n°s 1 et 2 et pour supprimer ou se disposer à supprimer les n°s 3, 4 et 5, donnerait des coursonnes trop près ou trop éloignées les unes des autres, on pourrait, comme dans la Vigne, s'écarter du principe, sauf à y revenir aussitôt que possible ; et l'étude du cycle serait encore très-utile dans ce cas (1).

(1) Dans la vigne, ainsi qu'il a été dit plus haut page 30, deuxième alinéa, quand les mérithalles sont trop distants par suite de vigueur excessive, on sort de la règle en utilisant l'œil pair en-dessous, dont on fait passer la pousse derrière le cordon. Les deux yeux du cycle sont ainsi employés.

Si le cas d'un trop grand écartement des mérithalles se présente, également par suite de vigueur excessive, dans le pêcher et dans les cinq autres essences fruitières : abricotier, prunier, cerisier, poirier et pommier, on peut ne sup-

B. *Taille des coursonnes fruitières.* — C'est surtout dans la taille des coursonnes fruitières que l'analogie est saisissante entre les modes de direction de la Vigne et du Pêcher ; une seule différence existe, et elle a pour causes les modes différents de floraison de ces deux espèces.

Ainsi, comme on l'a vu plus haut, la Vigne donne sa fleur l'année même du développement de ses bourgeons sur ces mêmes bourgeons, quand le Pêcher, lui, ne produit sa fleur que sur le rameau de l'année précédente.

De plus, la Vigne ne montre rien de sa floraison à la taille, tout étant enfermé dans chaque œil comme dans un œuf ; mais si, d'une part, la floraison de la Vigne est ainsi cachée, d'autre part, cet arbuste est si fécond, qu'on a la presque certitude que, de chaque œil bien formé, il sortira une grappe au moins. L'ignorance où est, à cet égard, le tailleur de Vigne quand il travaille, se trouve compensée par l'assurance rarement trompée que les yeux au-dessus desquels il a taillé aveuglément donneront chacun une ou plusieurs grappes.

Le Pêcher, au contraire, montre au tailleur d'arbre, qui l'attaque en février et mars, toute sa floraison non épanouie encore, mais très-visible pour un œil exercé. La certitude dans laquelle on est de pouvoir indiquer là où seront les fleurs, offre sans doute un avantage, mais atténué par ce fait qu'il n'y a pas de boutons à fleur partout, et qu'il n'y en a que là où ils se montrent. Il faut donc savoir distinguer, parmi les boutons dont un rameau de Pêcher est garni, lesquels sont à bois et lesquels sont à fleur, puis choisir parmi les premiers pour obtenir des rameaux nouveaux et parmi les seconds pour obtenir du fruit.

C'est là qu'est la principale, sinon l'unique différence qui existe entre le mode de taille de la Vigne et celui du Pêcher.

M. Courtois, pour la démonstration, emprunte, comme sur la Vigne, à la branche de prolongement, un rameau né l'année précédente d'un œil destiné à former une coursonne.

Ce rameau de Pêcher n'a rien pu produire cette première année; un rameau de Vigne, au contraire, dans le même cas, eût été fertile.

primer que le n° 3 des cinq yeux du cycle et prendre les n°s 4 et 5 comme les deux premiers numéros d'un nouveau cycle, pour élever une deuxième paire de coursonnes. Le n° 4, n'étant qu'à 2/10 de la ligne supérieure du rameau, devant, fera la coursonne du dessus (nous supposons la branche oblique ou horizontale) et le n° 5, n'étant qu'à 1/10 de la ligne inférieure, derrière, fera la coursonne du dessous (Voir ci-après, page 60, la Figure 13).

C'est en appliquant à ce rameau de Pêcher et à ceux qui naîtront de lui, pendant deux ou trois années successivement, les mêmes principes expliqués ci-dessus pour la taille de la Vigne, que ressortent les similitudes de direction des deux espèces. On retrouve applicables au Pêcher comme à la Vigne la *taille simple* et la *taille double*. Mais, dans le Pêcher (là surgit la différence), il faut distinguer si le rameau unique sur lequel on fait la taille simple, ou les deux rameaux sur lesquels on fait la taille double ont ou n'ont pas de nœuds floraux.

Taille simple la première année. — Si le rameau n'a pas de nœuds floraux, la taille ne peut être faite qu'en vue du bois nouveau à obtenir et des fleurs dont ce bois pourra être garni l'année d'après. On taille alors ce rameau à un seul œil ou à deux yeux, mais avec la pensée, plus tard, de ne laisser, par l'ébourgeonnage, qu'une seule pousse, quand on a l'intention, la deuxième année, de s'en tenir à la taille simple. C'est cette pousse, ce rameau qu'on a nommé *rameau de remplacement*.

Si le rameau a des nœuds floraux, on taille au-dessus de deux ou trois de ces nœuds pour obtenir du fruit, mais en vue aussi d'un ou deux yeux à bois de la base, pour en obtenir, comme dans le premier cas, un bon rameau de remplacement dont on favorisera le développement pendant la période végétative.

Taille simple la deuxième année. — La coursonne qui a été infertile n'a qu'un rameau, le rameau de remplacement, qu'on traitera identiquement comme celui de l'année précédente en distinguant toujours les cas d'existence ou de non-existence de nœuds floraux.

Quant à la coursonne qui a été fertile, elle offre cet aspect : la partie de rameau garnie de nœuds floraux au-dessus desquels la taille a été faite l'année d'auparavant, a porté fruit ; c'est un bout de branche à retrancher jusqu'à la base du rameau de remplacement ; il reste alors un rameau unique comme la première année, ou, comme la seconde, dans le cas d'infertilité, et on opère de même.

Ainsi de suite chaque année.

Taille double la première année. — La taille du rameau unique se fait, cette première année, de la même manière que pour la taille simple, avec cette seule différence qu'au lieu d'un rameau de remplacement il en est toujours élevé deux.

Taille double la deuxième année. — La coursonne qui a été infertile la première année de taille, porte uniquement ses deux rameaux.

Ils sont taillés l'un, le supérieur autant que possible, à plusieurs nœuds floraux, s'il en existe, pour le fruit, et l'autre, à deux yeux à bois, pour en faire sortir deux rameaux de remplacement. S'il n'existait pas de nœuds floraux sur le rameau destiné à être taillé long, c'est-à-dire à plusieurs nœuds floraux, ce rameau serait supprimé, puis le rameau restant taillé comme le rameau unique de l'année précédente et la coursonne ramenée ainsi à l'état de première année.

Quant à la coursonne qui a été fertile la première année de taille, elle a un bout de rameau qui portait le fruit; il est supprimé, et l'on se trouve en regard de deux rameaux constitués auxquels on fait subir la même taille que celle qui vient d'être indiquée pour le cas d'infertilité.

Taille double la troisième année. — Il faut supposer que la coursonne taillée sur deux rameaux la deuxième année a fructifié. Elle offre alors l'aspect que voici: le bout de rameau taillé long, en vue des nœuds floraux qu'il avait, est devenu une branche, où sont restés les courts pédoncules des fruits. Ces pédoncules consistent en une sorte de petite coupe ou cupule, organe qui, en se desséchant, a acquis une dureté extrême: c'est à cet organe que la Pêche était attachée avant la cueillette. Cette branche est supprimée jusqu'à la base du plus élevé des deux rameaux de remplacement. Après cette suppression, on a devant soi deux rameaux de remplacement comme la deuxième année et on agit de même.

Si le rameau taillé long l'année précédente et uniquement en vue des fleurs qu'il portait n'avait pas fructifié, il aurait dû être enlevé aussitôt que son infertilité a été constatée; et, à la taille, la coursonne d'où il a été détaché ne présente plus que ses deux rameaux constitués.

Ici se retrouve d'une manière manifeste et saisissante, l'application des trois mots *passé*, *présent* et *avenir*: la branche qui a porté le fruit et qu'on supprime représente le *passé*; le deuxième rameau taillé long pour le fruit, le *présent*, et le rameau taillé court pour en obtenir deux rameaux nouveaux, l'*avenir*.

On peut aussi, comme dans la Vigne, appliquer les trois mots aux tailles de seconde et même de première année (1).

Si on compare entre elles les opérations de taille qu'on effectue sur la Vigne et sur le Pêcher, on reconnaît que la seule chose qui les différencie (M. Courtois insiste sur ce point), c'est que dans la Vigne on n'a pas besoin de se préoccuper, en taillant, de la floraison encore latente à ce moment-là, mais presque assurée à chaque

(1) Voir les Fig. 4 et 5 et ce qui a été dit, ci-dessus, pages 33 et 34.

nœud; quand au contraire, une des grandes préoccupations, en taillant le Pêcher, c'est de distinguer la floraison qui est apparente, mais n'existe que là où elle apparaît et où il faut aller la chercher.

Il est même des cas où la taille des deux espèces est tout à fait identique; en voici un exemple : si les deux nœuds de la base d'un rameau de Pêcher portaient chacun à la fois bouton à fleur et bouton à bois, on se contenterait de tailler à ces deux nœuds comme sur la Vigne, et on obtiendrait, comme sur cette dernière, du bois et du fruit de deux nœuds seulement. Mais le fruit de la Vigne pendrait aux bourgeons nouveaux, et celui du Pêcher serait attaché à la base des bourgeons nouveaux sur le rameau de l'année précédente.

M. Courtois, revenant sur les *bouquets de mai*, reproduit les explications suivantes : la fructification, dans les procédés susdits de taille du Pêcher, se trouve toujours attachée au rameau de l'année précédente; mais il arrive quelquefois que des yeux latents, qui ont percé au-dessous des yeux de taille, sur le même rameau, s'évoluent très-modérément et produisent des rameaux de quelques centimètres seulement, à très-courts mérithalles, à feuilles très-rapprochées, à cycles concentrés, formant des rosettes semblables à celles des Poiriers et des Pommiers. Ce sont les bouquets de mai qui, l'année d'après, c'est-à-dire au printemps de la troisième année d'existence du rameau auquel ils sont attachés, épanouiront autant de fleurs qu'ils portaient de feuilles l'année précédente. Un bouton à bois termine généralement ces productions qui donnent de très-beaux fruits; mais on tire difficilement d'un bouquet de mai un bon rameau de remplacement, et il serait dangereux, pour l'avenir de l'arbre, de tailler de manière à avoir de ces bouquets en grand nombre; résultat, du reste, qu'il est facile d'obtenir au moyen d'une taille longue.

3° Abricotier, Prunier et Cerisier.

M. Courtois a demandé à ne s'arrêter qu'un instant sur la direction de ces trois espèces d'arbres à fruit à noyau.

La taille du rameau de prolongement pour obtenir des coursonnes nouvelles se fait au moyen du cycle 2/5, comme pour le Pêcher (1).

(1) Il a été dit ci-dessus, p. 36, note, que, dans le pêcher, les mérithalles étaient souvent trop écartés pour qu'on suivît la règle : nos 1 et 2 conservés pour coursonnes, 3, 4 et 5 supprimés; et qu'il y avait lieu de la remplacer par

Quant à la taille qui convient aux coursonnes, elle participe à la fois de celle des coursonnes du Pêcher et de celle des coursonnes du Poirier et du Pommier.

Une taille à deux yeux, comme pour la Vigne et le Pêcher, ferait pousser des rameaux médiocrément ou point du tout florifères. Il faut tailler plus long en vue d'obtenir des bouquets de mai, les seules productions qui, dans ces espèces, donnent abondance et qualité de fruits, mais desquelles on tirera difficilement de bon bois nouveau; aussi la direction de ces trois espèces offre de grandes difficultés pratiques pour leur conserver longtemps les formes auxquelles on les a soumises, soit en espalier, ou en contre-espalier, soit en cône ou en gobelet.

4° Poirier et Pommier.

Avec ces deux espèces d'arbres on entre dans un ordre nouveau d'idées. Quelle que soit la valeur de la classification sus-expliquée en 4 groupes, des 7 principales espèces fruitières, un fait est certain, c'est que le bouton *à fleurs* du Poirier et du Pommier est plus longtemps à se former que le bouton *à fleur* du Pêcher et de l'Abricotier, comme aussi du Prunier et du Cerisier.

Deux autres faits de végétation importants distinguent encore le Poirier et le Pommier du Pêcher et de l'Abricotier.

Le premier de ces faits, c'est que le bouton à fleur de ces deux dernières espèces ne renferme jamais qu'une fleur, quand le bouton à fleurs des deux autres en renferme plusieurs et en très-grand nombre quelquefois, surtout dans certaines espèces. Aussi, écrira-t-on pour le Pêcher et l'Abricotier bouton *à fleur*, fleur étant au singulier, et bouton *à fleurs*, fleurs étant au pluriel pour le Poirier et le Pommier. Ce qui peut expliquer pourquoi la nature met plus de temps, à élaborer celui-ci que celui-là.

Le second fait, c'est qu'après la cueillette du fruit dans le Pêcher et l'Abricotier, il ne reste plus rien à l'arbre qu'une sorte de

celle-ci : nos 1 et 2 conservés, 3 seulement supprimé, 4 et 5 conservés pour une deuxième paire de coursonnes. Dans l'abricotier, au contraire, les mérithalles sont, très-souvent, si rapprochés qu'il faut franchir deux cycles ou un cycle et partie d'un autre cycle pour former une deuxième paire de coursonnes et avoir les 0m 16 2/3 environ d'espace d'une paire à la suivante. La formule sera dans le cas de deux cycles : nos 1 et 2 conservés 3, 4, 5, 1', 2', 3', 4' et 5' supprimés 1'', 2'', conservés, etc., et dans le cas d'un cycle et partie d'un autre : nos 1 et 2 conservés, 3, 4, 5, 1', 2' et 3' supprimés, 4' et 5' conservés, etc. (Fig. 13).

cupule, organe sans valeur, qui est le réceptacle durci, ossifié, sur lequel a reposé le fruit, tandis que, après cette même cueillette, dans le Poirier et le Pommier, il reste à l'arbre un organe qui porte en lui une succession de vie nouvelle, l'espoir de bourgeons et de fruits nouveaux. Cet organe est la bourse à la base de laquelle sont les yeux appelés plus haut *yeux de bourse ;* et qui dit *œil*, dit *l'organe générateur*, dont tous les autres ne sont que des modifications successives, *omnia ab oculo*, répète le professeur.

A. *Taille du rameau de prolongement.* — Mais, à côté de ces différences, il existe un point de similitude marqué, une sorte de trait d'union. Le cycle végétal est le même pour le Pêcher que pour le Poirier et le Pommier. Il est le même encore pour l'Abricotier, le Prunier et le Cerisier. Aussi, le mode de taille des rameaux de prolongement, avec le choix des yeux à conserver et des yeux à supprimer, est-il le même pour les six espèces que celui enseigné ci-dessus pour le Pêcher. M. Courtois reproduit, à ce sujet, ce qu'il a dit plus haut : Les n°s 1 et 2 du cycle destinés à former deux coursonnes nouvelles, une en dessus, l'autre en dessous, sont conservés, le n° 3 est supprimé étant derrière, le n° 4 en devant conservé temporairement pour l'ombrage, et le n° 5 supprimé, étant derrière de même que le n° 3. Les n°s 1' et 2' destinés à former une seconde paire de coursonnes nouvelles sont conservés, et ainsi de suite selon le nombre de paires de coursonnes qu'on veut élever.

Ce mode de prendre ses yeux pour coursonnes est celui indiqué pour les arbres appliqués aux murs ou en espalier. Sur un arbre en contre-espalier ou en pyramide, les numéros à conserver peuvent être doublés. Le n° 1 étant pris en dessus est supprimé. Les n°s 2, 3, 4 et 5, tous plus ou moins sur les côtés, sont conservés.

Ce doublement des coursonnes, quatre au cycle au lieu de deux, pour les contre-espaliers et les pyramides, peut se justifier par ce fait que les contre-espaliers sont éclairés et aérés sur deux faces, et les pyramides sur toutes les faces, quand les espaliers le sont sur une face seulement.

Pourtant, mettre de l'air à travers les branches d'un arbre, distancer les coursonnes entre elles sont choses si excellentes qu'il est préférable, même dans un contre-espalier et une pyramide ou cône, de ne prendre que les n°s 1 et 2 pour former des coursonnes, comme dans les espaliers. La règle ainsi devient générale.

B. *Taille des coursonnes, taille trigemme.* — Quant aux suppressions à faire l'hiver aux coursonnes fruitières du Poirier et du Pommier, le principe que pose M. Courtois est absolu ; c'est à trois yeux ou trois boutons, et rien qu'à ce nombre, ni plus ni moins, que la taille doit être faite, ce qu'il explique ainsi :

Poirier. — Fig. 6. — Coursonne taillée à 3 yeux.

Première année de taille d'une coursonne de Poirier et de Pommier. — L'un des rameaux élevés l'année précédente sur le rameau de prolongement pour en faire des coursonnes étant toujours pris comme point de départ et comme type de démonstration, ce rameau est taillé, cette première année, à trois yeux : le nº 1 en bas, le nº 2 intermédiaire, le nº 3 au sommet. (Fig. 6, 3 *yeux.*)

Régulièrement, sur ces trois yeux un seul, celui du sommet ou le nº 3, devra, dans l'année, fournir une pousse à bois, et les deux autres, les nºs 2 et 1, devront tourner à boutons mixtes.

Mme B....., auditeur d'un des cours de M. Courtois, a formulé le procédé en ces termes aussi clairs qu'ils sont brefs : « Un pour le bois, deux pour le fruit. »

Poirier. — Fig. 7. — Coursonne taillée à 2 yeux et 1 bouton.

Deuxième année de taille d'une coursonne de Poirier, et années subséquentes. — Si le nº 3 et le nº 2, celui-ci d'ordinaire après celui-là, se sont successivement développés à bois, on aura dû, comme il sera dit ci-après, ébourgeonner la pousse produite par le nº 3, afin de n'avoir jamais qu'une pousse à chaque coursonne; le nº 1, dans ce cas, sera tourné à bouton mixte, et la taille alors se fera au-dessus de ce bouton mixte, et de deux yeux visibles sur le rameau nouveau. (Fig. 7, 2 *yeux et* 1 *bouton.*)

Si le nº 3 a seul, l'année précédente, développé un rameau, les nºs 2 et 1, restant pour le fruit, la taille se fera sur l'œil le plus rapproché de la base de ce rameau, au-dessous duquel les nºs 1 et

2 du rameau de l'année précédente se sont constitués en boutons mixtes. (Fig. 8, *1 œil et 2 boutons.*)

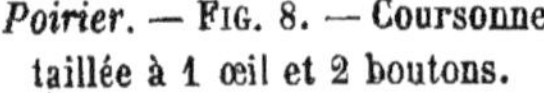

Poirier. — Fig. 8. — Coursonne taillée à 1 œil et 2 boutons.

Poirier. — Fig. 9. — Coursonne non à tailler, portant trois boutons.

Enfin, si des trois yeux aucun n'est poussé à bois, c'est que tous les trois se seront convertis en boutons mixtes; aucune taille alors n'est à faire. (Fig. 9, *3 boutons.*)

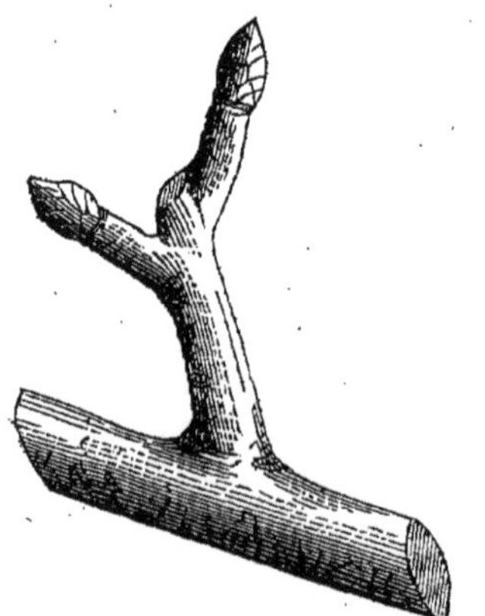

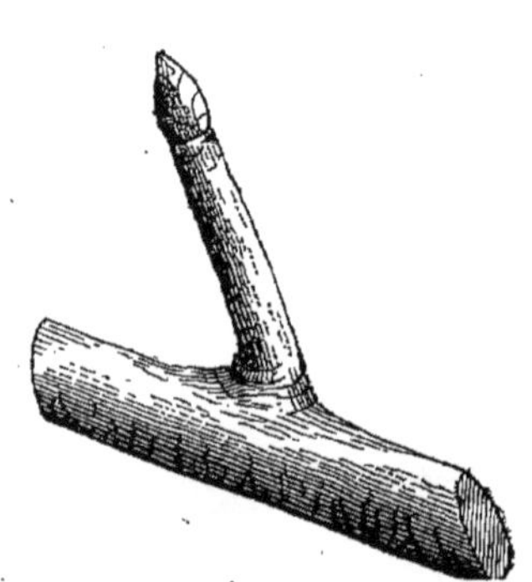

Poirier. — Fig. 10. — Coursonne non à tailler, portant 2 boutons.

Poirier. — Fig. 11. Coursonne non à tailler, portant 1 bouton.

Il va sans dire que si la coursonne ne portait que deux boutons (Fig. 10), ou un bouton unique (Fig. 11), il n'y aurait non plus aucune taille à faire.

Ces six figures représentent les 6 coursonnes-types du Poirier. Elles seraient les mêmes pour le Pommier.

Après la taille, toutes les coursonnes de l'arbre, sans exception, rentreront forcément dans l'un de ces 6 types :

1° coursonne à 3 yeux;
2° — à 2 yeux et 1 bouton;
3° — à 1 œil et 2 boutons;
4° — à 3 boutons;
5° — à 2 boutons;
6° — à 1 bouton.

Aucune autre combinaison n'est possible, en dehors de ces 6 types, avec la *taille à trois yeux ou boutons*.

Lorsqu'un des boutons mixtes est devenu bouton à fleurs, on peut tailler au-dessus de lui; car il renferme avec son bouquet de fleurs, et à la base de ce bouquet, des germes d'yeux nouveaux.

Il importe toutefois que les deux ou trois boutons, choisis parmi un plus grand nombre, le soient à des distances de 0m 03 environ pour que chacun d'eux puisse se développer sans gêner son voisin; c'est le secret pour obtenir toujours des boutons à fleurs fortement constitués. Un bouton à fleurs de poirier ou de pommier bien constitué a toujours, l'année qui précède son épanouissement, de 6 à 8 feuilles. Il faut de la place à celles-ci pour s'étendre et flotter au vent.

Le nombre des yeux ou boutons étant ainsi limité, le plus grand écart qui puisse exister au point de vue de ce nombre entre toutes les coursonnes d'un même Poirier ou Pommier est celui qu'il y a entre un et trois; au lieu de cela on rencontre le plus souvent, sur des arbres réputés bien dirigés cependant, des coursonnes, simples dards, avec un seul bouton terminal se mourant à côté de coursonnes dix fois, vingt fois plus considérables et d'une vigueur exagérée. Ni les unes, ni les autres ne forment de boutons à fleurs, celles-là par anémie, celles-ci par excès de santé.

M. Courtois a emprunté le principe de cette taille à trois yeux du Poirier et du Pommier, qu'il nomme *taille trigemme*, à la taille incontestée à deux yeux et à deux yeux seulement de la vigne de treille, ou *taille bigemme*. En effet, pourquoi, sur un cordon de vigne, obtient-on facilement, sans même y songer, des coursonnes toutes semblables, d'égale force, sœurs jumelles pour ainsi dire? C'est que la taille s'y fait toujours à deux yeux, non pas à trois, non pas à deux et demi, ni à un et demi, si des fractions étaient possibles, mais à deux, rien qu'à deux. Faisons de même pour le Poirier et le Pommier, et nous aurons le même résultat. M. Courtois croit le chiffre 3 suffisant et il le propose.

§ 2. — OPÉRATIONS PENDANT LA PÉRIODE VÉGÉTATIVE OU D'ÉTÉ.

1° *Cassement herbacé.* — Quand il s'est agi des suppressions à faire pendant la période du repos de la sève ou de la taille d'hiver, les diverses espèces d'arbres fruitiers ont dû être prises séparément. Chacune d'elles, ou du moins chacun des quatre groupes sus-désignés, demande en effet l'application de principes distincts, malgré les liens qui les unissent; mais un seul principe sert de guide et régulièrement une opération, unique aussi, est employée pour les suppressions qu'on est dans la nécessité de faire subir, pendant la période végétative, à des arbres qu'on veut circonscrire dans une forme. Le principe, c'est que les suppressions doivent être faites sur des pousses dont le sommet soit encore herbacé; et l'opération consiste à enlever de ce sommet la partie la plus ténue. (Fig. 14, p. 54.)

Cette opération, unique pour toutes les espèces, est sensiblement la même que celle qu'on a appelée jusqu'ici *pincement.* A ce mot, M. Courtois propose de substituer celui de *cassement*, et les raisons qu'il en donne sont spécieuses au moins.

Pincer, dans l'acception vulgaire du mot, ce n'est pas enlever le morceau. Le pinceur n'enlève rien à l'objet pincé; il lui laisse, au contraire, la marque de ses sentiments parfois équivoques, une meurtrissure.

Au contraire, on emporte la pièce par l'opération arboricole qu'on appelle *pincement.* Le mot pincer est même tout à fait inexact quand on opère, comme M. Courtois l'indique, sans le secours des ongles, par l'inclinaison du sommet : une main tient le rameau et l'autre incline. On peut même opérer d'une seule main, deux doigts, l'index et le médium, tenant le rameau, et le pouce inclinant. La partie ténue qu'on a inclinée se rompt « net comme verre, » c'est l'expression de La Quintinye, qui ajoute, dans son œuvre posthume : *Instruction pour les jardins fruitiers et potagers* (1690), que les mots *pincer* et *pincement* étaient nouveaux de son temps.

Ce sont, de plus, mots à double entente, prêtant à l'équivoque et au rire de ceux qui ne prennent pas au sérieux les choses de l'horticulture. Il est certain qu'on a de la peine à faire comprendre, aux personnes qui ne sont pas initiées, que rompre un rameau, le diviser en deux, si minime que soit l'une des divisions, c'est le pincer.

L'acte est réellement une rupture, un cassement. De ces deux expressions justes l'une et l'autre, M. Courtois a choisi la dernière en y ajoutant l'épithète *herbacé.* On dira *cassement herbacé*, ce qui permettra d'opposer cette opération à une autre, qui casse et rompt également, mais dont les effets sont tout autres : le *cassement ligneux*.

Le seul cassement que M. Courtois recommande en principe, le seul parfait, est le cassement herbacé, qui est même d'autant plus parfait qu'il est plus ténu, et, par suite, plus herbacé. (Fig. 14, p. 54.) Le cassement ligneux, qui est une véritable taille et n'en diffère que parce qu'on rompt au lieu de couper, ne doit être employé que lorsqu'on opère trop tard et qu'un cassement herbacé n'est plus possible ou ne pourrait être fait qu'à une longueur exagérée.

Après cette digression sur les mots, M. Courtois se reporte au moment où la taille d'hiver a été achevée. Elle a été faite, ainsi qu'il a été dit ci-dessus, d'après des procédés divers, suivant les groupes d'espèces, et il résume ainsi qu'il suit ces procédés :

La taille des rameaux de prolongement, dans toutes les espèces, a été faite à une longueur qui varie selon le nombre de coursonnes nouvelles qu'en proportion des vigueurs combinées du rameau et du sujet, on a voulu élever, 0^m 16 étant la distance moyenne entre chaque coursonne ou paire de coursonnes.

Celle des Coursonnes l'a été, savoir : 1° sur la Vigne, taille simple ou d'un seul rameau, à deux yeux, et taille double ou de deux rameaux, à deux yeux pour le rameau taillé court, et à une dizaine pour le rameau taillé long; 2° sur le Pêcher, taille simple, à deux yeux de la base, les deux pousses qui en naîtront étant plus tard réduites à une seule, plus à des nœuds floraux s'il en existe, empruntés au même et unique rameau, et, taille double, à deux yeux, pour le rameau taillé court en vue de deux rameaux d'avenir ou de remplacement, et, à plusieurs nœuds floraux, pour le rameau taillé long en vue du fruit; et 3° sur le Poirier et le Pommier, à trois yeux ou boutons, sans variation ni distinction.

Ces tailles diverses, avec le mouvement de la sève, provoquent des pousses à bois; ce sont ces pousses, qui sont traitées par le cassement herbacé, comme procédé unique, le même pour toutes, pour les pousses de prolongements comme pour les pousses des coursonnes. Les longueurs seules varient selon les espèces ou groupes d'espèces. On comprend, en effet, que la longueur sera plus grande pour la Vigne que pour le Poirier.

M. Courtois propose les longueurs suivantes : 0^m 20 à 0^m 25 pour les pousses des coursonnes du Poirier et du Pommier; 0^m 40 à 0^m 50 pour les pousses des coursonnes du Pêcher; 0^m 50 à 0^m 60 pour les pousses des coursonnes de la Vigne. Ces longueurs seront doublées pour les pousses des branches de prolongement, et diminuées de moitié en ce qui concerne le Pêcher et la Vigne, dans la taille double, pour les pousses des rameaux taillés long et uniquement en vue des fruits qu'ils sont appelés à donner.

Ces longueurs ne sont point imposées, mais proposées par M. Courtois; d'autres peuvent être admises pourvu qu'elles ne soient pas trop diminuées et de nature à comprimer l'arbre dans son expansion végétative, ni trop augmentées de manière à ce qu'il n'y ait que très-peu de pousses qui puissent atteindre la longueur réglementaire; ce qui est essentiel, c'est qu'une longueur étant admise, elle soit appliquée à toutes les pousses du même arbre.

Un premier cassement herbacé toutefois ne suffit pas, surtout quand le sujet est vigoureux; et, pour certaines espèces et variétés, un deuxième est généralement nécessaire et quelquefois un troisième sur le même rameau. Au bout d'un mois, en moyenne, sur le Poirier et le Pommier, des bourgeons anticipés se développent à la base de la feuille devenue terminale par le cassement et aussi à l'aisselle de quelques feuilles latérales les plus élevées. Les bourgeons anticipés latéraux se développent, même sur le Pêcher, sans qu'aucun cassement herbacé n'ait été fait.

Ce 2e cassement s'effectuera sur le bourgeon anticipé du sommet à 3 feuilles, qui feront un bouquet de 4 avec la feuille-mère, et sur les latéraux à 2, qui feront un bouquet de 3 avec la feuille-mère.

Le 3e cassement, analogue au second, sera fait également très-court.

Il faut dire aussi que ces cassements, ne s'effectuant que successivement, au fur et à mesure que les bourgeons ont atteint les longueurs réglementaires sus-fixées, exigent, surtout dans les mois de mai et juin, un travail assez assidu. Les arbres doivent être visités, pendant le mois de mai et la moitié de juin, une fois par semaine environ. Plus tard, lorsque chaque pousse qui s'est développée a subi son premier cassement, l'assiduité peut être moindre.

Le premier cassement est le plus essentiel; pourtant, il importe de ne pas laisser grandir sur une pousse plusieurs bourgeons anticipés qui, faisant autant d'appelle-sève, ne tarderaient pas à donner à cette pousse une grosseur démesurée.

La nécessité de voir ces arbres à des époques rapprochées est un des inconvénients du procédé; mais un avantage important aussi compense cet inconvénient, c'est la simplicité de l'opération qui, au moyen d'un bout de bois de la longueur réglementaire, peut être pratiquée par n'importe qui, par les personnes les plus étrangères à la science et à la pratique arboricole, par des femmes et des enfants.

Pendant plusieurs années, M. Courtois a enseigné le pincement ou cassement herbacé, à un cycle complet ou à cinq feuilles, cinq bonnes feuilles. S'il a substitué comme règle la longueur métrique au nombre de feuilles, c'est qu'il a reconnu ce dernier procédé plus long, d'une pratique moins facile, sans avoir plus de précision, car on discute sur les *bonnes feuilles*. Le travail se fait d'une façon plus expéditive en prenant pour règle la longueur métrique. Celle de 0m 20 à 0m 25, pour le Poirier et pour le Pommier, correspond du reste assez aux cinq *bonnes feuilles*. On discute sur ce qu'est une *bonne feuille*, et on ne discute pas sur une longueur déterminée.

Mais M. Courtois conserve, et avec une insistance nouvelle, le nombre d'yeux de préférence à la longueur métrique pour la taille. Ici il faut une précision plus grande; l'à-peu-près ne suffit plus, chaque œil laissé devant s'évoluer et jouer un rôle durable. C'est exactement et rigoureusement à deux yeux pour la vigne de treille et à trois yeux ou boutons pour le Poirier et le Pommier, que la taille des coursonnes doit être faite. C'est encore à deux yeux à bois, dans la taille double sur le rameau taillé court, et même en vue d'un seul dans la taille simple sur l'unique rameau, plus, quand il y a des nœuds floraux à deux ou trois de ces nœuds, que doit se faire la taille du Pêcher.

2o *Ebourgeonnage. Démembrement.* — Il a été dit, plus haut, que le cassement était l'unique opération qui suffisait pour effectuer toutes les suppressions qu'exige, l'été, un arbre soumis à une forme. L'assertion est vraie en principe; elle est même vraie d'une manière presque absolue pour les pousses de prolongement qui, à moins que les yeux secondaires de l'œil principal de taille ne se développent en même temps que celui-ci, seront toujours uniques, chacune continuant sa branche charpentière; mais le principe souffre en fait d'assez nombreuses exceptions, sur les coursonnes, surtout dans la jeunesse des sujets, ou bien quand, l'arbre étant vieux, des coursonnes trop fortes qu'il s'agit de dompter ont reçu l'application du procédé.

Taillée à deux yeux sur l'unique rameau, dans la taille simple, chaque coursonne de Vigne n'a dû développer que deux pousses; si d'autres ont surgi, elles devront être supprimées; c'est l'*ébourgeonnage*. Elles ne trouveraient grâce que si elles étaient fructifères; dans ce cas, leur vigueur sera modérée par un cassement herbacé de demi-longueur.

Taillées, dans la taille simple, à deux yeux d'abord, en vue de réduire à une seule les deux pousses nées de ces deux yeux, quelques coursonnes de Pêcher peuvent, si des yeux latents se font jour, se garnir de trois et même de quatre pousses; une seule doit rester, les autres sont supprimées. C'est encore l'ébourgeonnage.

Le même fait peut se présenter dans les tailles doubles de la Vigne et du Pêcher sur le rameau taillé court, qui ne doit produire que deux pousses d'avenir.

Taillée à trois yeux ou boutons, chaque coursonne de Poirier ou Pommier devra normalement ne développer qu'une pousse à bois née de l'œil ou bouton supérieur, le n° 3, les 2 yeux ou boutons inférieurs n°s 2 et 1 restant à l'état de rosettes ou dans la voie de la fructification; mais un excès de vigueur sur certaines coursonnes peut faire se développer à bois le n° 2 et même le n° 1; une seule pousse à bois devant être conservée sur chaque coursonne, le n° 3 est ébourgeonné, si à bois se développe le n° 2, qui est ébourgeonné à son tour, si à bois se développe le n° 1. La mise à fruit de la coursonne, dans ce dernier cas, est à recommencer, mais chose plus importante qu'une fructification partielle, l'égalité entre les coursonnes est établie, rétablie ou maintenue (1).

En effet, au moyen de cet ébourgeonnage, aucune coursonne de Poirier ou de Pommier ne conservera plus d'une pousse à bois, et toutes tendront à avoir la leur. Il n'y aura, à cet égard, que deux natures de coursonnes : les unes ayant une pousse à bois, les autres n'en ayant pas; et, entre celles-ci et celles-là, il n'y aura de différence que la différence existant entre 0 et 1. Si ce n'est l'égalité elle-même, c'est tout ce qu'il y a de plus près de l'égalité.

Empruntant une appellation à la culture de la Vigne, M. Courtois nomme *démembrement* cette opération, qui ne supprime pas seulement la cime d'un bourgeon, mais le bourgeon tout entier.

C'est une sorte de membre, en effet, qu'on enlève à quelques coursonnes qui ont mérité, par excès de vigueur, cette opération rigoureuse et exceptionnelle.

Toutes les pousses à bois sur chaque coursonne, en dehors de deux pour la Vigne, de deux pour le Pêcher, et même d'une seule quand on veut ne faire que la taille simple, et d'une seule pour le Poirier et le Pommier, doivent ainsi être supprimées par ébourgeonnage. Ce sont alors les deux pousses, ou la pousse unique, conservées, qu'il s'agit de casser herbacé aux longueurs réglementaires.

Ainsi doivent être traitées toutes les pousses d'avenir, celles sur lesquelles se fera la taille d'hiver. Quant aux pousses laissées comme appelle-sève au-dessus du fruit sur les bois longs, dans la Vigne et le Pêcher, elles doivent subir des cassements de demi-longueurs en

(1) Le cas suivant peut se présenter : le n° 1 a poussé à bois quand les n°s 2 et 3 ont tourné à rosette, ou, d'une façon plus générale, il y a une rosette ou plusieurs au-dessus d'une pousse à bois; c'est une exception, la sève tendant à faire pousser à bois les yeux ou boutons du sommet préférablement à ceux de la base. Pour ne pas perdre le bénéfice de ces rosettes, on peut casser court à deux ou trois feuilles cette pousse, ou même la tailler ligneuse, à deux ou trois feuilles également, si le cassement herbacé n'est plus praticable.

suivant le sort du fruit qu'elles portent, appelées à disparaître avec lui après sa chute ou sa cueillette.

Des pousses de prolongement, il suffit de dire qu'elles n'admettent pas de dualité; elles doivent, toujours et dans toutes les espèces, être uniques, à moins d'une bifurcation à obtenir de la branche charpentière; mais leur rôle, au point de vue de la santé de l'arbre, est prépondérant. Il n'y a pas de branche bien portante sans un beau rameau de prolongement; il est la cime de la branche qui dépérit sans lui, de même que dépérit un arbre quand dépérit son sommet. C'est à la beauté de la cime d'un arbre qu'on juge de la vive sève qui circule en lui. Il n'y a d'eau vive que l'eau qui coule et de vive sève que la sève qui marche; un peuplier dont la tête ne croît plus est un peuplier en voie de décadence; il périra sous peu.

On peut en dire autant d'une coursonne qui ne fait pas chaque année une pousse nouvelle : elle est en voie de dépérissement.

3° *Palissage.* — M. Courtois s'est contenté de dire, sur ce point, que, réduites à leurs longueurs réglementaires, les pousses des coursonnes du pêcher demandaient, au même titre que celles de la vigne, le palissage. C'est une similitude de plus entre les modes de culture des deux essences.

VII

Résultats obtenus.

Les sujets, soumis à la taille d'hiver et aux suppressions d'été sus-expliquées, présentent à la fin de la saison ce spectacle satisfaisant :

L'équilibre le plus parfait règne dans toutes les parties de la plante.

Toutes les pousses de l'année, tant celles de prolongement entre elles, que celles des coursonnes également entre elles, sont de mêmes longueur et grosseur.

Toutes les coursonnes de même âge sont d'égale force, ayant le même empâtement. Si les distances qui les séparent ne sont pas toutes égales, toutes sont mathématiquement alternées et insérées sur deux côtés opposés du rameau, par paires dont le nombre, en moyenne, est de six au mètre. Aucune n'a plus que son nombre de pousses réglementaires, et presque toutes, signe de santé, possèdent ce nombre.

Les Poiriers et les Pommiers ont les pousses de leurs coursonnes moins longues que la Vigne et le Pêcher n'ont les leurs; mais non soumises au palissage, ces pousses, projetées en avant sans qu'il y ait confusion, puisqu'aucune coursonne n'en a deux, et sans qu'elles empêchent les rayons solaires d'arriver jusqu'au fruit, donnent de la santé à l'arbre. Elles le font participer dans la belle saison, quand il est en espalier, à une partie des bénéfices du plein air.

Dans ces conditions, la plante possède une vie qui règne partout également partagée : d'eux-mêmes se forment les boutons à fleurs, des boutons gros et bien nourris, de ceux-là qui, fortement constitués, peuvent mener à bien une abondante et saine fructification.

VIII

Aperçus comparatifs.

M. Courtois s'est excusé d'être venu porter son enseignement dans une ville telle que Versailles, dans la ville de La Quintinye, où l'horticulture a de si nombreux adeptes, non moins distingués par leur science que par leur pratique, et où l'on rencontre dans bien des jardins des spécimens d'arbres, de Pêchers notamment, dirigés suivant toutes les règles de l'art. Il s'est excusé d'avoir compris le Pêcher dans sa conférence à côté des Pêchers modèles qu'on admire au Potager. Mais c'est qu'un des buts principaux de cette conférence était précisément de relier entre elles les méthodes de direction des diverses espèces fruitières; de faire ressortir, avec les principes différents qui séparent ces méthodes, les principes communs qui les unissent. Le Pêcher eût fait défaut à cette étude comparative.

De ce qui précède on a pu voir que si, d'une espèce à une autre, d'un des quatre groupes au groupe qui le précède ou le suit, les méthodes diffèrent assez pour qu'on puisse dire que chaque espèce ou chaque groupe a sa méthode distincte, des liens existent entre elles, qui font de ces méthodes un tout qu'il n'est pas facile de disjoindre.

La théorie formulée par ces expressions *passé*, *présent*, *avenir*, communes à la Vigne et au Pêcher, est le lien principal qui rapproche ces deux espèces si distantes à tant d'égards : l'une est un arbuste, l'autre un arbre, celle-ci donnant ses fruits sur le rameau d'un an, celle-là sur la pousse de l'année, et chacune ayant un cycle différent : la Vigne, celui de 1/2, et le Pêcher, celui de 2/5.

Quant aux points de contact qui existent entre le Pêcher et les trois autres espèces de fruits à noyau : Abricotier, Prunier et Cerisier, ils sont si nombreux, que le bouquet de mai, qui est exceptionnel dans le Pêcher et de règle dans les trois autres espèces, est peut-être le seul motif de faire de celui-là et de ceux-ci deux groupes distincts.

La distance est plus considérable entre les quatre espèces à noyau et les deux espèces Poirier et Pommier, arbres à fruits à pepins; mais ces six espèces en trois groupes n'ont-elles pas un cycle commun, le cycle 2/5, et tout ce qui en découle? Les yeux sur le nœud ne se présentent-ils pas chez toutes de la même manière? L'œil principal d'abord, puis ses deux stipulaires ou yeux secondaires; puis les stipulaires des stipulaires ou les quatre yeux tertiaires, etc. Les dards du Poirier et du Pommier n'ont-ils pas, sauf le temps plus long qu'ils mettent généralement à fructifier, la plus frappante analogie avec les bouquets de mai des arbres à fruits à noyau?

C'est ainsi que toutes les méthodes de direction des sept principales espèces d'arbres fruitiers se relient entre elles. On sait déjà une partie de celle qui suit quand on sait celle qui précède. La direction de la Vigne initie pour les trois quarts, celui qui l'a bien comprise, à la direction du Pêcher, et M. Courtois a pu dire, avec une certaine justesse : « Qui sait tailler la Vigne sait tailler le Pêcher. »

Ce n'est donc pas une étude purement spéculative que celle qui a pour objet de comparer entre elles les diverses méthodes. Elle facilite l'enseignement du professeur, elle fortifie les connaissances dans l'esprit de ceux qui ont le désir de s'instruire; avec elle, on se sent un praticien plus ferme, on est plus apte à résoudre les questions qui peuvent se présenter dans les cas anormaux.

Ces principes communs, ces liens qui unissent toutes les méthodes pour faire de leur ensemble comme une plus large méthode unique, répondent du reste à une grande loi de la nature où rien n'est complétement isolé. Le Créateur souverain y a disposé chaque chose, les êtres organisés et non organisés, de manière que tous servent à former une chaîne dont les chaînons non-seulement n'apparaissent jamais disjoints à l'observateur, mais se montrent à lui d'autant plus serrés, qu'il a étudié davantage.

M. Courtois se plaît à rappeler qu'il a été engagé dans cette voie d'études comparatives par un très-aimable et regretté docteur-médecin de Chartres, esprit chercheur et curieux de science, de tout ce qui rentre dans le domaine de la science, M. Auguste Durand, père de M. Albert Durand, président du tribunal civil de Versailles. Il avait fait, il y a une dizaine d'années, exprès pour eux seuls, un cours que M. Durand père lui avait demandé; et ce dernier lui dit après l'avoir entendu : « Vous n'avez pu m'initier en une leçon, mais j'en ai assez compris pour qu'il me vienne cette pensée, c'est qu'en étudiant vous trouverez des lois communes, sinon une loi unique, applicable à tous vos arbres fruitiers; étudiez et comparez, c'est par là que, dans toute science, on s'approche de l'unité, but toujours poursuivi, si on ne l'atteint pas. »

IX

L'arboriculture fruitière moralisatrice.

L'arboriculture fruitière n'est pas envisagée par M. Courtois uniquement au point de vue de ses produits, qui viennent s'ajouter à la masse alimentaire générale et permettent aux producteurs de notre pays de faire en Angleterre, en Allemagne et en Russie de si importantes exportations qu'on a pu dire de la France qu'elle était le *jardin fruitier de l'Europe.*

Il voit, dans la culture des arbres à fruits des jardins, un moyen de moralisation, à la campagne surtout, où chacun a son jardin, depuis le gros propriétaire et le riche cultivateur, jusqu'au possesseur de quelques ares de terre et au simple ouvrier qui a son chez lui.

Tout travail honnête moralise, mais par excellence est moralisateur le travail du sol, et particulièrement encore le travail du jardin, qui maintient l'ouvrier, le père de famille près des siens.

Sans encourager le travail du dimanche, contraire aux lois de l'Eglise et aux besoins que l'homme éprouve, après six jours de travail continu, de se reposer le septième, M. Courtois pense qu'on pourrait employer une partie du saint jour à se distraire dans son jardin; car ce n'est pas un travail, c'est une véritable distraction que les soins qu'après une semaine de labeur un ouvrier donne à des plantes florales ou d'agrément, à des arbres fruitiers.

M. Courtois termine sa conférence en donnant lecture d'un article extrait du *Bulletin de la Société d'Horticulture et de Viticulture d'Eure-et-Loir,* intitulé : *Je ferai cela dimanche.* (T. VIII, janv. et fév. 1873, p. 24.)

Il avait fait une leçon dans deux jardins de village aux environs de Chartres, en présence d'un groupe de petits particuliers et d'ouvriers. Quand il eut achevé ses explications et indiqué ce qu'il conviendrait de faire pour mieux faire, le propriétaire d'un des jardins, un maçon, sur un poirier duquel la leçon avait été donnée, laissa échapper cette phrase : « Je ferai cela dimanche. »

« Dans ces quatre mots, dit M. Courtois (c'est la fin de l'article), il y a tout un enseignement. M. Corne, pas plus que M. Laigneau, ne fréquente le cabaret, nous en sommes convaincu. La distraction qu'ils trouvent dans leur jardin en efface chez eux jusqu'au désir. Mieux que cela, ils se font visite l'un à l'autre, visitent leurs travaux mutuellement pour s'encourager et s'instruire.

» Que l'amour de l'arboriculture fruitière grandisse dans les campagnes, et l'amour du cabaret baissera d'autant! »

Lettre de M. J. Courtois à M. Jeandel.

Notre honorable collègue, M. Jeandel, ayant publié dans le *Journal de Versailles* un extrait du travail de M. J. Courtois, celui-ci lui adressa la lettre rectificative suivante que nous nous empressons d'insérer, comme complément de sa conférence :

Chartres, 27 août 1873.

A MONSIEUR JEANDEL, RÉDACTEUR EN CHEF DU *Journal de Versailles.*

« Monsieur le Directeur,

» Vous m'avez adressé deux numéros du *Journal de Versailles*, les numéros 32 et 34, dans lesquels vous avez parlé, avec une grande bienveillance, de ma Conférence arboricole du 7 août, faite à la suite d'une séance de la Société d'Horticulture de Seine-et-Oise.

» J'avais cherché à résumer, en une heure et demie environ, la matière de toute une série de cours. Aussi, le format de votre journal, comme vous le dites vous-même, ne vous permettait pas de me suivre dans les détails. Ce que vous avez voulu, ç'a été d'appeler l'attention du public, que ces sortes d'études intéressent, sur quelques points qui vous avaient semblé empreints d'un certain cachet de nouveauté, exprimant l'espoir que le *Journal de la Société d'Horticulture* donnerait ce compte-rendu détaillé.

» En vous lisant, je relève une faute d'imprimerie, je pense, et une explication difficile à comprendre, si ce n'est pas une erreur sur un point fondamental. L'une et l'autre demandent à être rectifiées.

» Expliquant la taille de la coursonne de la Vigne de treille, vous avez parfaitement dit qu'elle doit être faite à deux yeux; c'est la taille *bigemme* (1). L'un d'eux, le supérieur, est le *franc œil*, ainsi nommé parce qu'il est dégagé et séparé de la base du rameau par un mérithalle ou entre-nœuds sensible; l'autre est celui qui est immédiatement au-dessous, le *gros œil des bourres* (2). Au lieu de *bourres*, vous avez imprimé deux fois *bourses*. Un organe précieux et tout différent, appelé *bourse*, est en effet connu en Arboriculture fruitière, mais il existe seulement dans le Poirier et le Pommier.

» Parlant du cycle du Pêcher, vous dites bien qu'il est composé de cinq nœuds quand celui de la Vigne ne l'est que de deux; mais

(1) Expression de Columelle : *Bigemmis*, *trigemmis*.

(2) Il est bon d'ajouter *de la base*, et de dire *le gros œil des bourres de la base.*

vous ajoutez que ces cinq nœuds sont disposés de façon que sur la même ligne se trouvent le 5e, le 10e, le 15e, etc. C'est là qu'est la mauvaise explication sinon l'erreur. On est porté à croire que le premier cycle n'est que de quatre nœuds : 1, 2, 3 et 4, le 5e, le 10e, le 15e, etc., étant les premiers nœuds des cycles subséquents. Il faudrait reculer au-delà de l'unité pour trouver le no 1 du premier cycle. Voici la formule : Les nos 1, 6, 11, 16, 21, 26 sont en correspondance sur la même ligne, comme le sont les nos 2, 7, 12, 17, 22, 27, etc., et ainsi de suite, en prenant à leur tour les nos 3, 4 et 5 du premier cycle. C'est lorsqu'on est arrivé au no 5, que ce numéro correspond avec le no 10 et celui-ci avec le no 15, etc.

» Il existe une autre manière de présenter une série de plusieurs cycles. On désigne le premier cycle avec les chiffres 1, 2, 3, 4 et 5, et les cycles subséquents avec les mêmes chiffres accentués des signes ', ", '", etc. (prime, seconde, tierce, etc.). Tous les mêmes chiffres alors sont sur la même ligne, les signes étant l'indice de cycles différents.

» Ce petit redressement effectué, je vais profiter de cette lettre, si vous le voulez bien, M. le Directeur, pour résumer les théories du cycle de la Vigne, et du cycle du Pêcher qui est aussi celui de l'Abricotier, du Prunier, du Cerisier, du Poirier et du Pommier.

» Le cycle végétal peut être défini : une série de nœuds faisant une ou plusieurs spires autour d'un rameau, nœuds équidistants dans le sens du tour du rameau et inéquidistants dans le sens de sa longueur.

» Le cycle de la Vigne, qui est le plus simple des cycles, n'a qu'une spire formée par deux nœuds. Vous l'avez très-bien dit, le rameau étant placé horizontalement, le premier nœud est en dessus, le deuxième en dessous, le troisième en dessus, le quatrième en dessous, et ainsi de suite indéfiniment; en sorte que tous les impairs 1, 3, 5, 7, etc., sont en dessus, et tous les pairs, 2, 4, 6, 8, etc., sont en dessous. Ce cycle a pour expression la fraction 1/2. Le numérateur 1 indique le nombre de spires, le dénominateur 2 celui de nœuds, et la fraction, dans son ensemble, la partie du tour de rameau, une moitié (1/2) de tour, parcourue d'un nœud quelconque au nœud qui le précède ou le suit.

» Le cycle du Pêcher, etc., est un peu plus compliqué. Il a 2 spires formées par 5 nœuds. Il est exprimé par la fraction 2/5. Le numérateur 2 indique le nombre de spires, le dénominateur 5, le nombre de nœuds, et la fraction, dans son ensemble, la portion du tour de rameau, deux cinquièmes (2/5) de tour, parcourue d'un nœud au nœud voisin.

» Tous ces calculs, faciles à saisir, sont intéressants. En voici d'autres qui ne le sont pas moins; mais ils demandent, pour être compris, un peu plus d'attention.

» Le rameau étant toujours présenté horizontalement avec un nœud n° 1 placé exactement sur le dessus du rameau, il est intéressant de connaître les distances, calculées en portions de tour du rameau, qui existent d'un nœud au nœud voisin, et de chaque nœud du cycle à la ligne supérieure et à la ligne inférieure.

» Dans la *Vigne*, le cycle étant de 1 spire et de 2 nœuds, ces autres calculs sont simples et peu nombreux.

Distances entre eux, dans le sens du pourtour du rameau, des 2 nœuds du cycle, formant 1 spire.

Du n° 1	au n° 2	1/2	tour du rameau.
— 2	— 1'	1/2	—
Total. . .		1	spire.

» Plus simplement, on peut dire qu'il y a toujours un demi-tour de rameau d'un nœud à un autre nœud (Voir la fig. 12).

Distances auxquelles les 2 nœuds du cycle sont des lignes supérieure et inférieure.

Le n° 1 en-dessus,	est à 0 de la ligne supér^re		et à 1/2 de la ligne inférieure.	
— 2 en-dessous,	— 1/2	—	0	—
	1/2		1/2	
Total.		1 circonférence.		

» Dans le *Pêcher*, etc., le cycle étant de 2 spires et de 5 nœuds, les calculs sont plus compliqués. Si on additionne pour les 2 spires les distances des 5 nœuds entre eux, on trouve :

Distances entre eux, dans le sens du pourtour du rameau, des 5 nœuds du cycle, formant 2 spires.

Du n° 1	au n° 2	2/5
— 2	— 3	2/5
— 3	— 4	2/5
— 4	— 5	2/5
— 5	— 1'.	2/5
	Total.	10/5 de tour ou 2 spires.

» Mais comme des moitiés de 1/5 (1/2 de 1/5) de tour de rameau se présentent dans les calculs qui vont suivre, il est nécessaire de convertir la fraction 10/5 en cette autre équipollente 20/10.

VIGNE. — FIG. 12. — Cycle de la vigne : 1/2.

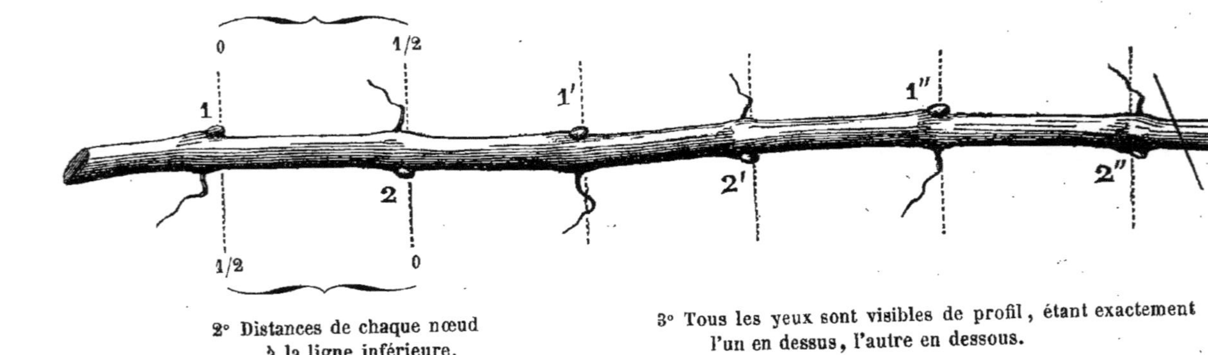

POIRIER. — FIG. 13. — Cycle 2/5 ou 4/10.

C'est aussi celui du Pêcher, de l'Abricotier, du Prunier, du Cerisier et du Pommier.

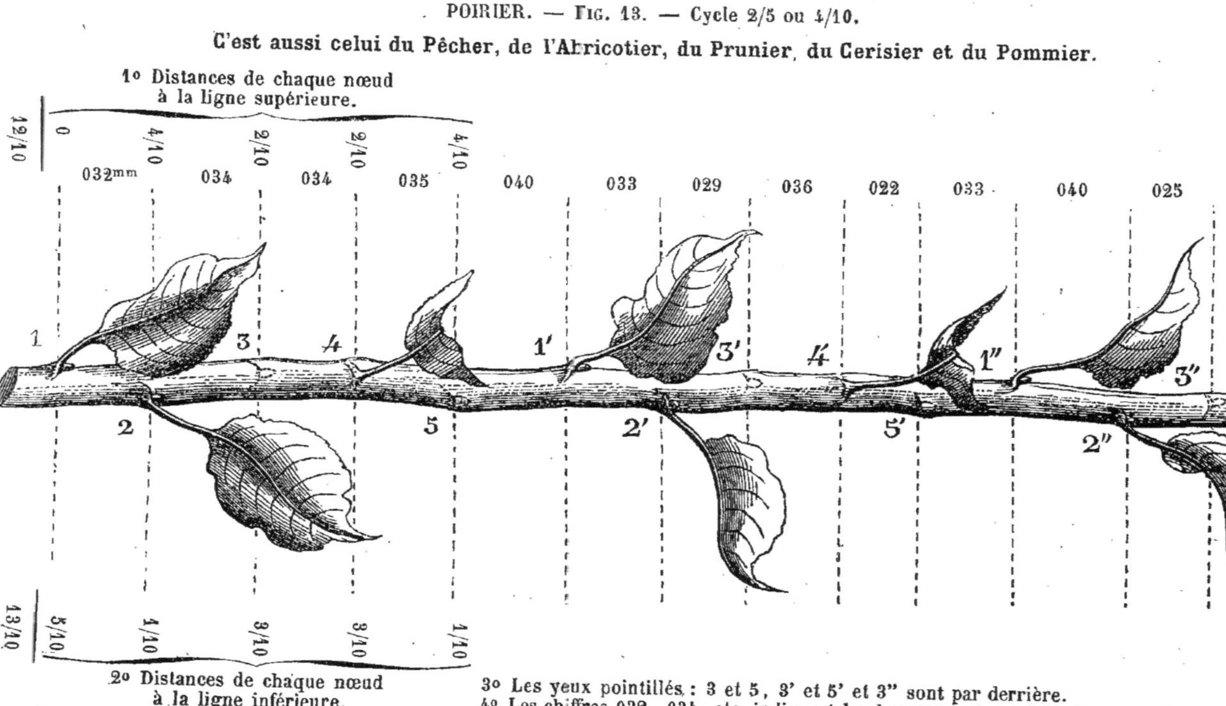

3° Les yeux pointillés : 3 et 5, 3' et 5' et 3" sont par derrière.
4° Les chiffres 032, 034, etc. indiquent les longueurs des mérithalles ou entre-nœuds.

» On obtient alors le tableau qui suit des distances de chaque nœud du cycle à la ligne supérieure et à la ligne inférieure. Je suppose le rameau placé horizontalement; il importe même pour la démonstration que la base du rameau soit à la gauche du spectateur et le sommet à sa droite; et on trouve les chiffres suivants :

Distances auxquelles les 5 nœuds du cycle sont des lignes supérieure et inférieure.

Le nœud	1, dessus,	est à	0	de la ligne supérre	et à 5/10	de la ligne inférre.
—	2, devant,	—	4/10	—	1/10	—
—	3, derrière,	—	2/10	—	3/10	—
—	4, devant,	—	2/10	—	3/10	—
—	5, derrière,	—	4/10	—	1/10	—
	Total. . .		12/10	Total. .	13/10	

En tout. . . . . . 25/10, ou 2 circonférences 1/2. (1)

» Il est bon de noter aussi que les fractions 5/10, 10/10, 15/10, 20/10 correspondent alternativement la 1re et la 3e avec la ligne inférieure, et la 2e et la 4e avec la ligne supérieure (Voir la fig. 13).

» Je n'ai pas besoin de dire que cette étude sur les cycles n'est pas purement spéculative, que, dégagée de tous ces calculs et résumée en formules simples, elle trouve son application pratique dans la direction de toutes les essences fruitières, notamment dans le choix qu'il y a à faire de nouvelles coursonnes, chaque année, sur les rameaux de prolongement des branches de charpente.

» Pour l'intelligence de ces explications, notamment en ce qui concerne le cycle 2/5, des figures eussent été utiles. Je crois cependant que tout le monde, avec un peu d'attention, pourra me suivre et me comprendre, en mettant sous ses yeux un bon rameau, garni de nœuds accentués par de forts yeux. Ce sera un rameau de Vigne pour le cycle 1/2, et un rameau de Pêcher, Abricotier, Prunier, Cerisier, Poirier ou Pommier pour le cycle 2/5 (2).

(1) Les distances de chaque nœud à la ligne supérieure et à la ligne inférieure représentent, à elles deux, une demi-circonférence. Avec 5 nœuds, nous devons nécessairement avoir en tout deux circonférences et demie ou 25/10, au lieu de 2 circonférences ou 20/10 seulement que parcourt la série des 5 nœuds.

(2) Depuis que cette lettre a été écrite, j'ai envoyé deux dessins qui ont servi à faire les figures nos 12 et 13, sur lesquelles on retrouve retracés les calculs ci-dessus avec des indications explicatives.

» Il est un fait encore à noter, particulier au cycle 2/5, et dont je n'ai pas parlé dans ma conférence.

» On comprend qu'une spirale peut aller de gauche à droite (*dextrorsum*) comme font la tige du haricot et celle de l'igname, ou de droite à gauche (*sinistrorsum*) comme fait la tige du houblon (1). La spire est *dextre* dans le premier cas, et *sénestre* dans le second.

» La plupart des spires du cycle 2/5 sont dextres. J'ai supposé le rameau présenté horizontalement, la base à gauche et le sommet à droite dans les explications qui précèdent. Pourtant, il m'est arrivé de rencontrer sur des rameaux d'une même variété d'arbre, appartenant à des sujets différents et quelquefois aussi au même sujet, des spires dextres et sénestres. Je n'ai jamais vu toutefois une spire passer du dextre au sénestre ou réciproquement, sur le même rameau. Dans le cas de spires sénestres, tous les calculs précédents subsistent, seulement les nœuds n°s 2 et 4 qui étaient devant sont derrière, et les n°s 3 et 5 qui étaient derrière se trouvent devant. Le même résultat est obtenu quand un rameau à spire dextre, après avoir été présenté la base à gauche du spectateur et le sommet à droite, est retourné, avec le sommet à gauche et la base à droite.

» Je n'ai vu consigner le fait de cette variabilité du cycle 2/5, je ne dirai pas dans aucun traité d'Arboriculture, puisque aucun de ceux qui me sont connus ne parle du cycle végétal, mais dans aucun traité de Botanique parmi ceux qui me sont également connus.

» Tout ceci, Monsieur, est bien long. Permettez-moi cependant d'ajouter quelques mots encore, qui ne sont pas déplacés après tout ce qui précède. La découverte du cycle végétal remonte à la fin du siècle dernier. Elle est due à un Génevois, Charles Bonnet, philosophe naturaliste, né en 1720, mort en 1793. Il l'a consignée dans son œuvre : *Recherches sur l'usage des feuilles*.

» Veuillez agréer, Monsieur le Directeur, avec mes remerciements, l'assurance de ma considération distinguée.

» J. COURTOIS. »

(1) J'adopte le système de la spire prise en dehors d'elle, l'ancien système conservé par plusieurs botanistes modernes, notamment par MM. Lemaout et Decaisne, dans leur *Traité général de Botanique*, 1 vol. in-4°, Firmin Didot, édit. 1868. Dans ce même ouvrage, œuvre collective de deux botanistes éminents et splendidement édité, un chapitre de 7 pages a été, sous le titre : *Phyllotaxie*, consacré à la théorie des cycles des feuilles sur les végétaux.

Figure explicative du Cassement herbacé.

La figure qui suit fait connaître d'une façon saisissante ce qu'est le cassement herbacé, dont il est parlé ci-dessus p. 46.

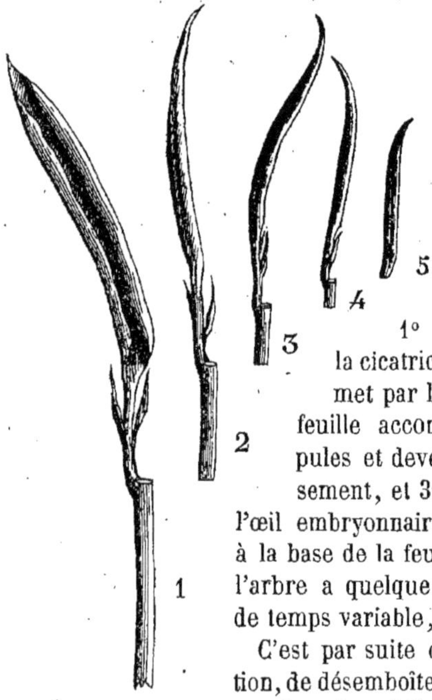

Les n°s 1, 2, 3 et 4 représentent, après l'opération, 4 cassements successifs, effectués sur une pousse de poirier de St-Germain. Le n° 5 est le résidu gros comme un épillet du 4e cassement. Cette fig. est un calque.

Chacun des numéros 1, 2, 3 et 4 comprend trois organes distincts : 1° en bas, un mérithalle avec la cicatrice fort nette, laissée au sommet par la cassure, 2° au-dessus la feuille accompagnée de ses deux stipules et devenue terminale par le cassement, et 3° un organe invisible, c'est l'œil embryonnaire qui se trouve tout-à-fait à la base de la feuille et duquel il sortira, si l'arbre a quelque vigueur, après un espace de temps variable, un bourgeon anticipé.

Fig. 14. — Quatre cassements herbacés successifs.

C'est par suite d'une sorte de désarticulation, de désemboîtement, au-dessus de chaque nœud, qu'on obtient ce résultat.

Ces cassements sont d'autant plus délicats, d'autant mieux faits, ils blessent d'autant moins la plante, que la partie enlevée est plus ténue.

On peut dire des quatre cassements représentés par cette figure complexe : le 1er n'est pas mal, le 2e bien, le 3e mieux et le 4e parfait.

J. C.

SOMMAIRE

DE LA CONFÉRENCE QUI PRÉCÈDE.

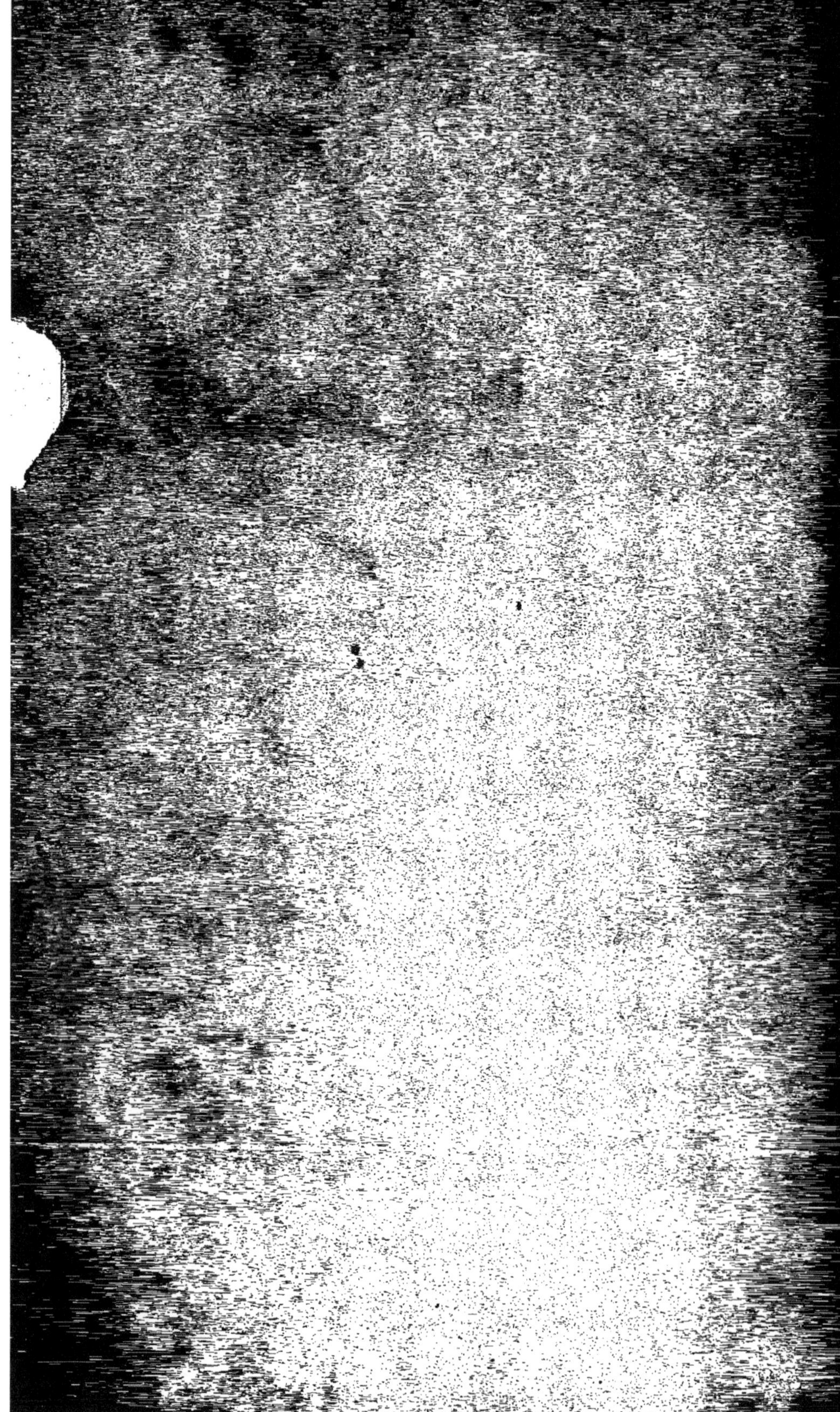

www.ingramcontent.com/pod-product-compliance
Ingram Content Group UK Ltd.
Pitfield, Milton Keynes, MK11 3LW, UK
UKHW020415230726
13925UKWH00004B/1451

LES

RÉTENTIONS CHLORURÉES

DANS LES

NÉPHRITES INTERSTITIELLES

PAR

LEO AMBARD
Docteur en médecine
Ancien interne des hôpitaux de Paris

AVEC HUIT GRAPHIQUES DANS LE TEXTE

PARIS
G. JACQUES, ÉDITEUR
14, RUE HAUTEFEUILLE, 14

1905